LEKTÜRESCHLÜSSEL FÜR SCHÜLER

Hermann Hesse
Der Steppenwolf

Von Georg Patzer

Philipp Reclam jun. Stuttgart

Dieser Lektüreschlüssel bezieht sich auf folgende Textausgabe:
Hermann Hesse: *Der Steppenwolf. Erzählung*. Frankfurt a. M.: Suhrkamp, 1974. (st. 175.)

RECLAMS UNIVERSAL-BIBLIOTHEK Nr. 15384
Alle Rechte vorbehalten
© 2007 Philipp Reclam jun. GmbH & Co., Stuttgart
Gesamtherstellung: Reclam, Ditzingen
Printed in Germany 2007
RECLAM, UNIVERSAL-BIBLIOTHEK und
RECLAMS UNIVERSAL-BIBLIOTHEK sind eingetragene
Marken der Philipp Reclam jun. GmbH & Co., Stuttgart
ISBN 978-3-15-015384-0
www.reclam.de

Inhalt

1. Erstinformation zum Werk **5**
2. Inhalt **8**
3. Personen **36**
4. Werkaufbau **42**
5. Wort- und Sacherläuterungen **47**
6. Interpretation **57**
7. Autor und Zeit **76**
8. Rezeption **86**
9. Checkliste **87**
10. Lektüretipps / Filmempfehlungen **90**

Anmerkungen **94**

Raum für Notizen **95**

1. Erstinformation zum Werk

Hermann Hesse ist weltweit der meistgelesene deutschsprachige Autor des 20. Jahrhunderts. Vor allem auch in den USA und Japan werden seine Romane *Der Steppenwolf*, *Siddhartha* und *Das Glasperlenspiel* immer wieder neu aufgelegt.

Hesse wurde am 2. Juli 1877 in Calw geboren. Schon mit seinem ersten Roman *Peter Camenzind* (1904) war er so erfolgreich, dass er als freier Schriftsteller leben konnte. Er ließ sich am Bodensee nieder, zog 1912 in die Schweiz und siedelte 1919 nach Montagnola im Tessin um, wo er bis zu seinem Tod 1962 lebte. 1946 bekam er, auch wegen seiner moralisch untadeligen Haltung während der Naziherrschaft, den Nobelpreis für Literatur.

Die meisten seiner Werke beschreiben Einzelgänger, die gegen die Zwänge der Gesellschaft ihren eigenen Weg suchen. Die Ich-Suche, die Entwicklung der Persönlichkeit und die Selbstverwirklichung sind stets Hesses Hauptanliegen gewesen.

> Werk der Einzelgänger

Erste Konzeptionen für *Der Steppenwolf* hat Hesse bereits 1924 erstellt. In einem Brief kündigt er ein Buch an, das den Titel »Nur für Verrückte« tragen sollte oder »Anarchistische Abendunterhaltung«.[1] Im Winter und Frühjahr 1924/25 arbeitet er in Basel an einer Bücherreihe, in der unter dem Titel »Deutscher Geist 1750–1850« die Hauptwerke der deutschen Literatur jener Zeit erscheinen sollten. Die Ausgaben kamen nie zustande.

Im Winter 1925/26 lebt Hesse in Zürich und schreibt an

seinem Roman. Im Januar und Februar besucht er Maskenbälle, für die er sogar Tanzunterricht genommen hatte. Im Mai 1926 kehrt er wieder nach Montagnola zurück und schreibt in kurzer Zeit den Hauptteil des *Steppenwolf*, Abschnitte davon werden im Herbst 1926 in der *Frankfurter Zeitung* vorabgedruckt. Den Winter 1926/27 verbringt Hesse wieder in Zürich, im Dezember 1926 schreibt er an seine Schwiegermutter Lisa Wenger, dass er das Buch jetzt abschließe. Mitte Januar 1927 schickt er die Abschrift des Typoskripts an seinen Verleger.

Lange hat Hesse vor allem mit der Form des Romans zu kämpfen. Im Manuskript ist das Buch zunächst zweiteilig konzipiert. Erst später hat Hesse das Vorwort des Herausgebers und den »Tractat vom Steppenwolf« eingefügt und darauf gedrungen, dass sich der Traktat durch Papier und Aufmachung vom restlichen Text abhebt. Im Februar 1927 wurde mit dem Druck begonnen, Ende Mai wurde *Der Steppenwolf* zusammen mit Hugo Balls Biografie zu Hesses 50. Geburtstag ausgeliefert.

> Zum 50. Geburtstag: Der Steppenwolf

Wie alle Werke Hesses ist auch *Der Steppenwolf* autobiografisch geprägt. Hesse befand sich seit dem Ersten Weltkrieg in einer persönlichen Krise: Nachdem er den Krieg zunächst begrüßt hatte, äußerte er sich später unverhohlen pazifistisch und wurde von vielen deswegen angegriffen. Der Tod seines Vaters 1916, das Ende seiner Ehe und die Einweisung seiner Frau in eine Nervenheilanstalt 1918 vertieften noch diese Krise, die er mit der Hilfe der Psychoanalyse zu lösen versuchte. Manchmal dachte Hesse an Selbstmord, im März 1924 unternahm er sogar einen Selbstmordversuch.

> Hesses Krise

Im *Steppenwolf* ist der Held ein unverkennbares Alter ego Hesses, dessen Name Harry Haller mit denselben Initialen beginnt und dieselbe Silbenzahl aufweist. Als Ergänzung seiner Person dient im Roman Hermine, eine androgyne Figur, die Harry an einen Schulfreund namens Hermann erinnert. Diese Aufteilung verschiedener Persönlichkeitsanteile ist ein oft verwendetes Stilmittel Hesses.

> *Eigene Erlebnisse*

Wie Hesse ist auch Haller zur Zeit der Niederschrift des Romans knapp fünfzig Jahre alt, hatte unter einer strengen evangelischen (pietistischen) Erziehung zu leiden, lebt von seiner Frau getrennt als Untermieter in der Schweiz, leidet unter Gichtanfällen, schätzt Goethe, Jean Paul und Mozart, teilt Hesses politische und ästhetische Ansichten und sieht aus wie Hesse. Sogar die Araukarie, die Haller so bewundert, stand auf dem Vorplatz zu einer Wohnung unter Hesses Mansarde. Viele Orte, die im Roman vorkommen, beruhen auf Hesses eigenen Erlebnissen in Basel und Zürich.

2. Inhalt

Zusammenfassung

Der Steppenwolf erzählt von dem fast fünfzigjährigen Harry Haller. Haller lebt einige Monate in einer Schweizer Stadt zur Untermiete. Vereinsamt, verbittert und krank bleibt er für sich und besucht nur hin und wieder Konzerte und die Bibliotheken der Stadt. Selten trifft er andere Menschen, einmal einen Professor, mit dem er früher über Religionen diskutiert hat, das Treffen endet in Vorwürfen und Unverständnis. Als er Hermine begegnet, einer hübschen jungen Frau, die sich von Männern aushalten lässt, ändert sich sein Leben. Er lernt tanzen, genießt die körperliche Liebe und geht auf einen Maskenball. Von Hermine und dem Jazz-Saxophonisten Pablo wird er in ein »Magisches Theater« geführt. Es besteht aus vielen Räumen, in denen Harry an einem Krieg zwischen Maschine und Mensch teilnimmt, auf Autos schießt, und seine vergangenen, vergeblichen Liebesaffären noch einmal, diesmal aber glücklich, erlebt. Am Schluss ersticht er Hermine und wird von den »Unsterblichen« ausgelacht. Der Roman endet mit einem positiven Lebensausblick.

Vorwort des Herausgebers

Der Herausgeber will den Aufzeichnungen Harry Hallers, die er nach dessen Auszug aus der Wohnung fand, einige eigene Erinnerungen hinzufügen. Er nennt ihn häufig »Steppenwolf«, nach einem Ausdruck Hallers selbst.

Eines Tages kommt Haller, ein Mann von fast fünfzig Jahren, zur Tante des Herausgebers und mietet für neun oder zehn Monate zwei möblierte Zimmer in ihrem Haus. Zufällig ist der Neffe der Vermieterin anwesend, als er nach dem Zimmer fragt: »Ich habe den sonderbaren und sehr zwiespältigen Eindruck nicht vergessen, den er mir beim ersten Begegnen machte« (8). Der Neffe beschreibt ihn: »Er war nicht sehr groß, hatte aber den Gang und die Kopfhaltung von großgewachsenen Menschen, er trug einen modernen, bequemen Wintermantel und war im übrigen anständig, aber unsorgfältig gekleidet, glatt rasiert und mit ganz kurzem Kopfhaar, das hier und dort ein wenig grau flimmerte« (9). Dem Neffen fällt der unentschlossene Gang auf, das scharfe Profil und ein eigentümliches Lächeln: »Alles schien ihm [Haller] zu gefallen und schien ihm doch zugleich irgendwie lächerlich« (10). Als der Neffe am Abend von der Arbeit zurückkommt, erzählt ihm die Tante, dass der Mann ihr sympathisch ist. Immerhin hat sie einiges über ihn erfahren. Auch, dass er meinte, es rieche so gut: »Es riecht hier bei uns nach Sauberkeit und Ordnung und nach einem freundlichen und anständigen Leben, und das hat ihm gefallen. Er sieht aus, wie wenn er daran nicht mehr gewöhnt wäre und es entbehrt hätte« (12).

Zwiespältiger Eindruck

In den nächsten Tagen spioniert der Neffe hinter ihm her, bewundert ihn und sein »interessantes, höchst bewegtes, ungemein zartes und sensibles Seelenleben« (13). Einmal lädt er ihn zu einem Vortrag eines berühmten Geschichtsphilosophen ein. Als der einige schmeichelnde Worte zum Publikum sagt, sieht Haller den Neffen mit einem Blick an, der nicht nur den Redner kritisiert, sondern »das ganze betrieb-

Sensibles Seelenleben

same Getue, die ganze Streberei, die ganze Eitelkeit, das ganze oberflächliche Spiel einer eingebildeten, seichten Geistigkeit« (15).

Nach dieser Einleitung erzählt der Neffe chronologisch von seinen Begegnungen mit Haller. Er hält ihn für »geistes- oder gemüts- oder charakterkrank« (16). Später erkennt er, dass er »ein Genie des Leidens« (16) ist, aber nicht aus Weltverachtung, sondern aus Selbstverachtung. Er meint, Haller hätte sicherlich strenge und sehr fromme Eltern gehabt, die seinen Willen brechen wollten. Das sei ihnen nicht gelungen, stattdessen hätten sie ihn zum Selbsthass erzogen.

Dann berichtet er von seinen Gewohnheiten. Haller hängt in seinem Zimmer Bilder auf, Aquarelle, Fotos von süddeutschen Städtchen und einer hübschen jungen Frau. Bücher liegen und stehen überall, er holt sie sich aus Bibliotheken und bekommt viele per Post. Oft trinkt er Wein, steht morgens spät auf, isst manchmal den ganzen Tag nichts. Treppen steigen kann er nicht besonders gut.

Einmal trifft ihn der Neffe auf dem Treppenabsatz oberhalb des ersten Stockes. Haller bittet ihn, sich neben ihn zu setzen: Er bewundert die saubere Araukarie, die ihm als »Superlativ von bürgerlicher Reinheit und Treue im kleinen« (22) erscheint. Dieser ganze Platz erfülle ihn immer mit Sehnsucht nach seiner Mutter. Dann zeigt er ihm ein Zitat von Novalis: »Die meisten Menschen wollen nicht eher schwimmen, als bis sie es können« (23). Er versteht ihn so, dass die meisten Menschen nicht eher denken wollen, als bis sie es können; und wer denkt, der wird es zwar weit bringen, »aber er hat doch eben den Boden mit dem Wasser vertauscht, und einmal wird er ersaufen« (24). Der Neffe merkt, dass Haller »unsre kleine bürgerliche Welt aus seinem luftleeren Raum« (24) heraus bewundert.

Die Araukarie

Einmal sieht er ihn in einem Symphoniekonzert, wo er plötzlich »glücklich versunken und in gute Träume verloren« ist. Nach dem Konzert geht ihm der Neffe in ein Wirtshaus nach. Als Haller merkt, dass der Neffe keinen Wein trinkt, meint er, auch er habe lange enthaltsam gelebt, aber jetzt stehe er »wieder im Zeichen des Wassermanns, einem dunklen und feuchten Zeichen« (27). Der Neffe spottet über die Astrologie, Haller erwidert, dass er auch an diese »Wissenschaft« (27) nicht glauben könne.

An einem anderen Abend lässt der Neffe eine hübsche junge Frau in die Wohnung, sieht später die beiden fröhlich das Haus verlassen und Haller eine Stunde später allein und traurig wieder zurückkehren.

Der Neffe nimmt an, dass sich Haller nicht das Leben nahm, nachdem er das Manuskript zurückgelassen hat. Er glaubt, dass im Manuskript vor allem »tief erlebte seelische Vorgänge im Kleide sichtbarer Ereignisse« (29) erzählt werden. Nicht »bloß die pathologischen Phantasien eines einzelnen, eines armen Gemütskranken« (30) sieht er, sondern auch ein Dokument der Zeit, denn Hallers Krankheit scheint ihm die Neurose der Moderne.

> Die Neurose der Moderne

Harry Hallers Aufzeichnungen

Das Motto lautet: »Nur für Verrückte« (33).

Erster Teil

Harry Haller beginnt sein Manuskript mit der Beschreibung eines normalen Tages, er hat ihn »sanft umgebracht, mit meiner primitiven und schüchternen Art von Lebenskunst«

(33). Er hat gelesen, gegen seine Schmerzen ein Pulver genommen, gebadet, die Post erledigt, »Atemübungen gemacht, die Gedankenübungen aber heute aus Bequemlichkeit weggelassen« (33) und ist spazieren gegangen. Ein normaler Tag. Eigentlich könnte er zufrieden sein. Aber er verträgt diese laue Zufriedenheit nicht. Er braucht starke Gefühle, die er sich »nötigenfalls [...] auf dem Wege der Schmerzen« (35) verschaffen will. Es überkommt ihn eine Wut auf »dies abgetönte, flache, normale und sterilisierte Leben« (35), er möchte ein Warenhaus, eine Kathedrale oder sich selbst zerstören, ein Mädchen verführen oder einen Bürger umbringen. Unzufrieden geht er in ein Wirtshaus.

> Laue Zufriedenheit

Auf der Treppe denkt er darüber nach, dass gerade er, der »heimatlose Steppenwolf und einsame Hasser der kleinbürgerlichen Welt« (36), immer in kleinbürgerlichen Häusern wohnt: Er mag den Kontrast zwischen der aufgeräumten Welt und seiner chaotischen. Vor allem die Araukarie liebt er, »dessen rührende Haltung und einsame Lächerlichkeit mich irgendwie in der Seele ergreift« (38).

Beim Gang durch die Nacht denkt er an seine Jugend, in der er diese melancholische Stimmung geliebt hat, aber auch schon einsam war. Das letzte Mal, dass er ein großes Erlebnis hatte, war bei einem Konzert, »eine herrliche alte Musik wurde gespielt, da war zwischen zwei Takten eines von Holzbläsern gespielten Piano mir plötzlich wieder die Tür zum Jenseits aufgegangen« (39). Haller hatte etwa eine Viertelstunde lang ein mystisches Erlebnis, er sah »Gott an der Arbeit« (39). Immer wieder erlebt er so etwas: wenn ihm nachts Verse einfallen, wenn er träumt, beim Lesen oder beim Nachdenken. Aber es ist schwer, diese goldene Spur

> Konzert

im Alltag wiederzufinden. Er versteht auch die Vergnügungen anderer Menschen nicht, Kino, Theater, Bars und Varietés.

Dann kommt Haller an einer alten Steinmauer ohne Reklame vorbei. Auf einmal entdeckt er eine kleine, alte Tür und eine Leuchtschrift darüber: »Magisches Theater. Eintritt nicht für jedermann« (42). Dann erlischt die Schrift, und es »tropfen vor mir her ein paar farbige Lichtbuchstaben über den spiegelnden Asphalt: [...] Nur -- für -- Ver -- rückte!« (43).

»Nur -- für -- Ver -- rückte!«

Haller geht in ein Wirtshaus, liest eine Zeitung und isst Kalbsleber, trinkt Wein und wundert sich. Über sich, dass er Fleisch isst und Zeitung liest, über die Tatsache, dass irgendwo Menschen Wein anbauen, damit in anderen Gegenden »einige enttäuschte, still schöppelnde Bürger und ratlose Steppenwölfe sich ein wenig Mut und Laune« (46) antrinken können.

Immerhin hilft es. Über die Zeitung kann er nur lachen, und dann fällt ihm die Melodie des Bläserpianos wieder ein. Er freut sich, dass in ihm immer noch etwas Antwort auf das Göttliche gibt. Viele Bilder fallen ihm ein, aus Kunst und Literatur, die Hausfrau mit ihrer Araukarie, die Wolkenschriften über dem Rhein und anderes: Nur er, der Steppenwolf, bewahrt sie alle in sich auf. Jetzt kann er gehen: »Die goldne Spur war aufgeblitzt« (47), er ist an das Ewige erinnert worden.

Die goldne Spur

Aus einem Tanzlokal hört er Jazzmusik, »heiß und roh wie der Dampf von rohem Fleisch« (49). Haller bleibt stehen und freut sich über die wilde, launische und sentimentale Musik: »Untergangsmusik war es« (49), aber immerhin muss er die Auf-

Jazzmusik

richtigkeit der Musiker bewundern, auch wenn mit ihr die europäische Kultur untergehen wird.

Beim Weiterwandern kommt er wieder an der Mauer vorbei. Ein Mann kommt ihm entgegen, der ein Plakat trägt mit der Aufschrift: »*Anarchistische Abendunterhaltung. Magisches Theater! Eintritt nicht für jed…*« (51). Der Mann gibt Haller ein kleines Buch und verschwindet. Müde geht Haller heim. Das auf schlechtem Papier gedruckte Buch hat den Titel »Traktat vom Steppenwolf. Nicht für jedermann« (53).

Tractat vom Steppenwolf

Das Motto lautet: »Nur für Verrückte« (54).

Der Traktat erzählt von einem Mann »namens Harry, genannt der Steppenwolf« (54). Ein kluger Mann, aber er hat nicht gelernt, zufrieden zu sein, weil er immer dachte, er sei kein Mensch, sondern ein Wolf. Warum er das dachte, weiß man nicht. Harry hat »zwei Naturen, eine menschliche und eine wölfische« (55). Leider lebten sie »in ständiger Todfeindschaft« (55). Wenn Harry als Mensch fühlte und handelte, bewies ihm der Wolf höhnisch, dass das doch alles komisch und eitel war. Wenn Harry als Wolf lebte, meinte der Mensch in ihm, er sei doch eine Bestie.

Zwei Naturen

Einige Menschen haben Harry geliebt. Er hat sie unglücklich gemacht, weil sie immer nur eine Seite in ihm gesehen haben, den kultivierten Menschen oder den freien, wilden Wolf. Immer wurden sie enttäuscht. Selten lebten beide Seiten miteinander, das waren seine schönsten Stunden, in denen der Alltag »dem Außerordentlichen, dem Wunder, der Gnade Platz« (58) machte.

Viele Künstler kennen Harrys Problem. Sie kennen auch die Glücksmomente, in denen das »kurz aufleuchtende Glück ausstrahlend auch andere berührt und bezaubert« (59). Ihr Leben ist »eine ewige, leidvolle Bewegung und Brandung, ist unglücklich und schmerzvoll zerrissen« (59). Diese Menschen denken, dass das Leben ein Fehlschlag der Natur ist. Andere aber glauben, dass der Mensch eigentlich zur Göttlichkeit bestimmt ist.

> Glücksmomente

Der Steppenwolf strebte nach Unabhängigkeit, seine Freiheit war ihm wichtiger als Frauen, Macht oder Geld. Aber wie es allen geht, die ihre Träume verwirklichen, so wurde auch dem Steppenwolf diese Gabe zum Fluch: Er war zwar unabhängig, aber auch einsam.

Außerdem gehörte er zu den Selbstmördern. Damit sind nicht die gemeint, die sich wirklich umbringen: Ein Selbstmördertyp empfindet »sein Ich […] als einen besonders gefährlichen, zweifelhaften und gefährdeten Keim der Natur« (63). Metaphysisch gesehen wurden Selbstmörder »vom Schuldgefühl der Individuation« (64) getroffen, ihre Auflösung ist ihnen wichtig, nicht die Vollendung ihres Seins. Im Tod, nicht im Leben, sehen sie den Erlöser. Aus dieser Schwäche ziehen Menschen wie Harry aber auch eine große Kraft: Zwar dachte er bei jeder Krise sofort an Selbstmord, aber da er wusste, dass ihm dieser Ausweg immer offen stand, hielt er sehr viel aus. Harry kam im Alter von 47 Jahren auf die Idee, dass er sich ab seinem fünfzigsten Geburtstag umbringen dürfe, je nach der Laune des Tages. Bis dahin wollte er alles erdulden. Dieser kleine Trick funktionierte sehr gut.

> Selbstmörder

Der Steppenwolf empfindet sich als Einzelner, aber auch als über dem Durchschnitt stehend. Obwohl er den Bourgeois verachtet, lebt er bürgerlich, kleidet sich anständig und achtet die Gesetze. Seine heimliche Sehnsucht sind die kleinbürgerlichen Familienhäuser mit ihrer »bescheidenen Atmosphäre von Ordnung und Wohlanständigkeit« (67). So schwingt er zwischen zwei Polen hin und her.

Ambivalenz

Das Bürgerliche ist dabei »nichts andres als der Versuch eines Ausgleiches, als das Streben nach einer ausgeglichenen Mitte zwischen den zahllosen Extremen und Gegensatzpaaren menschlichen Verhaltens« (68). Nie wird sich der Bürger irgendeinem Extrem hingeben: »Unbedingtheit ist ihm unerträglich« (69). Immer überlebt das Bürgertum, und zwar wegen der Außenseiter, die es immer wieder integriert. Viele Außenseiter wiederum schaffen es nicht, den Sprung nach draußen zu wagen, sondern sind dem Bürgertum immer noch verbunden: Viele von ihnen schließen Kompromisse, viele gehen unter, einigen aber bleibt noch eine Möglichkeit, der Humor. »In der Welt zu leben, als sei es nicht die Welt, das Gesetz zu achten und doch über ihm zu stehen, zu besitzen, ›als besäße man nicht‹, zu verzichten, als sei es kein Verzicht – all diese beliebten und oft formulierten Forderungen einer hohen Lebensweisheit ist einzig der Humor zu verwirklichen fähig« (72).

Humor

Der Steppenwolf kann dies allerdings nicht. Ein Ausweg bleibt ihm: Er müsste »tief in das Chaos der eigenen Seele blicken und zum vollen Bewußtsein seiner selbst kommen« (73). Dann würde er seine Existenz begreifen und müsste sich mit Wolf und Mensch versöhnen oder explodieren. Möglich, dass er in einen magischen Spiegel sieht, den Unsterblichen begegnet oder ein magisches Theater besucht: »Ein Nichts genügt, und der Blitz schlägt ein« (74).

Der zweite Teil des Traktats beginnt mit dem Geständnis, dass der »Steppenwolf« eine Fiktion ist. Denn Harry besteht nicht nur aus zwei Wesen. Sein Leben »schwingt zwischen Tausenden, zwischen unzählbaren Polpaaren« (76). Das Ich ist keine Einheit, sondern eine vielfältige Welt, ein »Chaos von Formen, von Stufen und Zuständen« (77). Auch Harry meint zu wissen, was der Mensch ist, aber er hat nicht recht: »Der Mensch ist ja keine feste und dauernde Gestaltung [...], er ist vielmehr ein Versuch und Übergang, er ist nichts andres als die schmale, gefährliche Brücke zwischen Natur und Geist« (80). Der Mensch ist eine Forderung des Geistes, eine ferne Möglichkeit. Aber der Weg geht nicht zurück zur Natur oder in die Kindheit. Der Weg zur Erlösung führt »immer weiter in die Schuld, immer tiefer in die Menschwerdung hinein« (84). Das ist der Weg, den auch Buddha gegangen ist. Haller darf auch nicht alles auf den Wolf schieben. Er muss erkennen, dass der Wolf manchmal sein bester Teil ist, dass dahinter aber auch noch »Fuchs, Drache, Tiger, Affe und Paradiesvogel« (85) wohnen.

> *Unzählbare Polpaare*

> *Kein Weg zurück*

Mit einem aufmunternden Wort endet der »Tractat vom Steppenwolf«. Wäre er nämlich schon bei den Unsterblichen, dann würde er dem Hin und Her verwundert zuschauen und Harry »ermunternd, tadelnd, mitleidig, belustigt zulächeln!« (86).

Harry Hallers Aufzeichnungen

Zweiter Teil

Als Harry den Traktat zu Ende gelesen hat, fällt ihm ein Gedicht ein, das er vor Wochen geschrieben hat. Es erzählt von den Freuden eines Wolfs, der die Rehe liebt, sich tief in ihre »zärtlichen Keulen« (87) hineinfrisst und ihr Blut trinkt.

Haller denkt über die beiden Texte nach, sein Gedicht, »traurig und angstvoll wie ich selbst«, und den Traktat, »kühl und mit dem Anschein hoher Objektivität« geschrieben (88). Beide haben Recht und zeigen die Unerträglichkeit seiner Existenz. Natürlich weiß er, dass er sich ändern muss. Oft hat er schon erlebt, dass sein »Ich in Scherben zerbrochen« (88) ist. Einmal hat er seinen Ruf und sein Vermögen verloren, ein anderes Mal ist seine Frau geisteskrank geworden und hat ihn aus »Haus und Behagen vertrieben« (89). Natürlich hat er immer etwas gewonnen, »etwas an Freiheit, an Geist, an Tiefe, aber auch an Einsamkeit, an Unverstandensein« (89). Bürgerlich gesehen ist er immer tiefer gesunken. Immerhin, der Ausweg, Selbstmord zu begehen, steht ihm ja wirklich offen.

> Das Ich in Scherben zerbrochen

Am nächsten Morgen steht sein Entschluss fest: Der Selbstmord hat keine Eile. Haller hat zwar ein starkes Opiumpräparat, aber als er es einmal ausprobierte, erbrach er das ganze Gift nach einigen Stunden. Das nächste Mal würde er zum Revolver oder zum Rasiermesser greifen. Und bis zu seinem fünfzigsten Geburtstag hat er noch zwei Jahre Zeit, »die Pforte stand offen« (93). Der Entschluss macht ihn etwas gleichgültiger gegenüber seinem Leid.

Den Traktat liest er in der nächsten Zeit immer wieder, mal zustimmend, mal ablehnend. Außerdem beschäftigt ihn die Vision an der Kirchenmauer: »Viel war mir da versprochen worden, gewaltig hatten die Stimmen jener fremden Welt meine Neugierde angestachelt« (94). Immer wieder denkt er über die Schrift nach und sucht die Stadt nach dem Mann mit dem Plakat ab. Einmal begegnet er einem Leichenzug und überlegt, wer in dieser Stadt wohl um ihn trauern würde: »Da war zwar Erika, meine Geliebte, nun ja« (95). Sie hatten eine schwierige Beziehung, vielleicht wäre sie sogar erleichtert, wenn er sterben würde. Haller folgt dem Leichenzug, plötzlich erkennt er einen der Männer als den Plakatträger und spricht ihn auf die »Abendunterhaltung« an. Aber der weiß nicht, wovon Haller redet und empfiehlt ihm, in den »Schwarzen Adler« zu gehen, »wenn Sie Bedürfnisse haben« (97).

> Der Leichenzug

Vor der Bibliothek trifft er einen Professor, mit dem er früher über orientalische Mythologie und Religion diskutiert hat. Haller findet »die Szene eigentlich lächerlich« (98), genießt aber doch die Zuwendung und nimmt seine Einladung für den Abend an. Der Steppenwolf in ihm verspottet ihn: Eben noch war er verzweifelt, jetzt ist er plötzlich übereifrig. »So standen die beiden Harrys, beides außerordentlich unsympathische Figuren, dem artigen Professor gegenüber, verhöhnten einander [...], spuckten voreinander aus« und stürzen Haller in eine »Orgie der Selbstverachtung« (99). Zornig geht Haller heim, liest in einem Buch und merkt dann verärgert, dass er sich jetzt anziehen und rasieren muss. Wieder denkt er an die seltsame Beerdigung und an den Tod.

> Der Professor

Haller weiß, dass der konservative Professor von Einstein nichts weiß und Juden und Kommunisten für hassenswert hält. Er ist »ein gutes, gedankenloses, vergnügtes, sich wichtig nehmendes Kind, er ist sehr zu beneiden« (103). Als er zu ihm kommt, muss er kurz warten und betrachtet eine Radierung, die Goethe darstellt, mit einem »etwas professoralen oder auch schauspielerischen Zug von Beherrschtheit und Biederkeit« (104). Ab jetzt geht alles schief: Die Frau des Professors beglückwünscht ihn zu seinem guten Aussehen, Haller weiß aber, wie alt er geworden ist. Die Frau fragt nach Hallers Frau, und er muss erzählen, dass sie ihn verlassen hat. Dann kommt der Professor mit einer Zeitung, in der steht »etwas über einen Namensvetter […], einen Publizisten Haller, der ein übler Kerl und vaterlandsloser Geselle sein müsse« (105). Haller tut desinteressiert und isst mehr, als ihm gut tut.

> *Eine Radierung, Goethe darstellend*

Nach dem Essen beginnt Haller über das Goethebild zu reden, über seine »Eitelkeit und edle Pose« (107). Die Hausfrau verlässt abrupt das Zimmer, ihr Mann sagt, es sei ihr Lieblingsbild, und Haller hätte sich ja auch nicht so deutlich ausdrücken müssen. Haller stimmt ihm zu und verabschiedet sich: »Ich bitte Sie und Ihre Frau sehr um Entschuldigung – sagen Sie ihr bitte, daß ich Schizophrene bin« (107). Haller gesteht seine Lügen: Er lebe schon seit Monaten in der Stadt, wolle lieber allein sein, leide an Gicht und sei oft schlecht gelaunt, und schließlich, er selbst sei dieser Publizist und fände, »es stünde besser um unser Land und um die Welt, wenn wenigstens die paar denkfähigen Menschen sich zur Vernunft und Friedensliebe bekennten« (108). Damit geht er.

> *Mehrfach gelogen*

Wütend und traurig denkt er, dass dies der letzte Versuch war, wieder ins bürgerliche Leben zurückzufinden: »Geh heim, Harry, und schneide dir die Kehle durch!« (109). Er findet es dumm, »den guten Leuten den Salonschmuck zu bespucken« (109), aber er kann nicht anders. Haller läuft durch die Stadt, als er am »Schwarzen Adler« vorbeikommt, geht er hinein und setzt sich neben ein hübsches Mädchen. Sie reden miteinander, sie tröstet ihn, putzt ihm die Brille und bestellt ihm ein belegtes Brot. Sie erinnert ihn an jemanden aus seiner Kinderzeit.

> Der »Schwarze Adler«

Als er meint, das Leben sei schwer, widerspricht sie ihm: Es sei kinderleicht. Als sie mit ihm tanzen will, muss er gestehen, dass er gar nicht tanzen kann. Sie tadelt ihn: »Und dabei behauptest du, weiß Gott, welche Mühe du dir mit dem Leben gegeben habest!« (115). Er macht seine Eltern dafür verantwortlich. Sie meint, er sei doch jetzt alt genug, ohne die Eltern zu entscheiden. Komplizierte Sachen habe er getrieben, studiert, Musik gemacht, Bücher geschrieben, aber nicht so einfache Sachen, wie Tanzen lernen: »Na, meinetwegen, Gott sei Dank bin ich nicht deine Mutter. Aber dann so tun, als hättest du das Leben durchprobiert und nichts daran gefunden, nein, das geht nicht« (116). Dann muss er noch ein Brötchen essen: »Es tat ungeheuer wohl, jemand zu gehorchen, neben jemand zu sitzen, der einen ausfragte, einem befahl, einen ausschalt« (116 f.). Sie fragt, wie er heißt, ob er keine Frau hat, und was heute passiert ist. Er erzählt von seinem Besuch beim Professor. Zum Schluss meint sie, er wäre »ein Kindskopf ohnegleichen«: Wieso darf sich Harry eine Vorstellung von Goethe machen, aber nicht irgendein Maler? Und statt einfach zu lachen oder wütend zu werden, will er sich umbringen, weil »er bloß ein kleiner Bub ist« (119). Sie findet das eine komische Geschichte. Dann tadelt sie ihn, dass er sie nicht duzt und sie nicht nach ihrem Namen gefragt hat. Jetzt will sie ihn nicht

> Er kann nicht tanzen

mehr sagen. Dann will sie tanzen gehen, er wird wieder traurig. Sie verspricht wiederzukommen und befiehlt ihm zu schlafen.

Haller träumt, dass er von Goethe empfangen wird. Es stört ihn, dass er als Journalist kommt, außerdem kriecht ein Skorpion an seinem Bein hoch. Goethe fragt, warum die jungen Leute mit ihm und seinen »Bemühungen recht wenig einverstanden« (123) sind. Haller sagt, er sei zu eitel und vor allem zu aufgesetzt optimistisch. Goethe fragt, ob ihm da nicht auch die Zauberflöte verhasst sei, die doch Optimismus und Glauben predige. Haller verteidigt Mozart mit dem Argument, dass der eben nicht 82 Jahre alt geworden ist. Goethe gibt zu, das sei wohl unverzeihlich. Allerdings war ihm die Dauer immer wichtig. Und er meint, es sei doch auch viel Spielerisches an ihm gewesen. Plötzlich hört man Musik von Mozart und Schubert, Vertonungen seiner Gedichte: »Mein Junge, du nimmst den alten Goethe viel zu ernst. Alte Leute, die schon gestorben sind, muß man nicht ernst nehmen, man tut ihnen sonst unrecht. Wir Unsterblichen lieben das Ernstnehmen nicht, wir lieben den Spaß« (127). Goethe beginnt zu tanzen und zu zaubern und lacht.

> Haller träumt

Eine Stunde hat Haller geschlafen. Als er aufwacht, kommt das Mädchen und bittet ihn um Geld. Danach sagt sie, sie habe noch eine Verabredung. Als er enttäuscht ist, meint sie: Dann hätte er sie eben einladen müssen. Sie verabreden sich für den nächsten Donnerstag. Zum Schluss gesteht sie, dass es ihr auch schon einmal so gegangen sei wie ihm mit Goethe: Bei vielen Heiligen habe sie sich immer geärgert, wenn sie süßliche Bilder von ihnen sah. Aber sie weiß, dass ihr Bild ja auch nur ein Bild ist, das »an das Urbild nicht hin-

> Süßliche Bilder

reicht, daß dem Heiland selbst mein inneres Heilandbild gerade so dumm und unzulänglich vorkommen würde wie mir jene süßlichen Nachbilder« (131).

Haller übernachtet im Hotel. Er denkt an Goethe und das Mädchen: »Plötzlich ein Mensch, ein lebendiger Mensch, der die trübe Glasglocke meiner Abgestorbenheit zerschlug und mir die Hand hereinstreckte, eine gute, schöne, warme Hand!« (132).

Am nächsten Tag spricht ihn seine Vermieterin an: »Sie haben gebummelt, Herr Haller« (133). Er sagt ihr, dass er in einem Hotel übernachtet hat, um die Ruhe und Achtbarkeit des Hauses nicht zu stören. Sie entgegnet: Er solle nicht spotten, erst recht nicht über sich. Dann lädt sie ihn zu einem Tee ein und zeigt ihm ein Radio, das der Neffe bastelt. Er erzählt ihr, dass schon die alten Inder von der Anwesenheit aller Kräfte wussten, und dass die westliche Technik bisher nur einen unvollkommenen Empfänger erfunden hat. Es werde aber wohl nicht mehr lange dauern, bis man im Westen auch die »Unwirklichkeit der Zeit« (135) entdecke, sodass man bald mit König Salomo und Walther von der Vogelweide reden könne.

Nur unvollkommene Empfänger

Vor der Verabredung ist Haller aufgeregt. Wenn das Mädchen sie vergäße, wartet nur noch »die ganze grauenvolle Stille und Erstorbenheit« (136) seines Lebens auf ihn, das Rasiermesser, vor dem er sich aber auch fürchtet.

Er wartet im Restaurant auf sie, sie lobt ihn für die Orchideen, die er für sie gekauft hat, und für sein Aussehen. Sie tadelt ihn, dass er immer noch nicht tanzen gelernt hat. Als er sie nach ihrem Namen fragt, bittet sie ihn, zu raten: »Ist dir noch nicht aufgefallen, daß ich manchmal ein Knabengesicht ha-

Ein Knabengesicht

be?« (139). Ihr Gesicht erinnert Haller an ihn selbst und an einen alten Freund namens Hermann. Tatsächlich heißt sie Hermine.

Beim Essen bewundert er, dass sie von einem Moment zum anderen ganz anders sein kann. Sie sagt, sie sei ein Spiegel für ihn, »weil in mir innen etwas ist, was dir Antwort gibt und dich versteht« (140). Er ist erstaunt, dass sie so viel weiß, dabei ist sie doch das Gegenteil von ihm. Aber auch sie hat ihn als Ergänzung. Dass in ihm eine tiefe Sehnsucht nach Gehorsam ist, hat sie gleich gemerkt. Er soll ihr gehorchen, sogar dem letzten Befehl, denn sie will »um Leben und Tod spielen« (142). Er braucht sie jetzt, um tanzen und leben zu lernen. Sie braucht ihn später, »auch zu etwas sehr Wichtigem und Schönem« (143). Sie will, dass er sie tötet. »Das ist es. Frag nicht weiter« (144).

Der letzte Befehl

Dann wird es wieder alltäglich, sie essen. Sie muss ihm sogar die Freude am Essen beibringen. Es soll ein Fest sein, das Fleisch vom Knochen zu lösen, meint sie. Sie füttert ihn, und er sieht ängstlich zu den anderen Leuten hinüber. Auch dafür tadelt sie ihn.

Immer unwirklicher wird die Szene vorher. Haller sieht, dass Hermine wie das Leben selbst ist, »stets nur Augenblick, nie im voraus zu berechnen« (145). Er fühlt sich von ihr durchschaut und erzählt ihr vom Steppenwolf und dem Traktat. Sie sieht ihn ernst an und sagt, es sei natürlich eine Einbildung oder Poesie, so etwas zu glauben. Sie meint, die Tiere seien doch viel »richtiger« (148) als die Menschen, ehrlicher, existentieller. Aber sie mag nicht mehr denken. Jetzt fällt ihr das Tanzen wieder ein. Sie will ihm selbst Unterricht geben, bei

Haller erzählt vom Steppenwolf

Unterricht

ihm zu Hause. Er soll ein Grammophon kaufen und ein paar Tanzplatten. Er hat Angst davor, er fühlt sich von ihrer Schnelligkeit bedroht. Aber er gehorcht.

Am nächsten Tag zeigt ihm Hermine eine Zeitung, in der er angegriffen wird. Diese Artikel über ihn ärgern ihn schon lange nicht mehr. Traurig machen sie ihn manchmal. Denn nicht nur tun viele Menschen so, als wären sie unschuldig am letzten Krieg, viele laufen blind in den nächsten hinein. Sie stimmt ihm zu, jeder kann sehen, dass es bald wieder Krieg geben wird. Aber deswegen traurig zu sein, sei doch töricht. Sie kaufen ein Grammophon und bringen es zu ihm nach Hause. Sie lacht über ihn: »Mein Gott, wie steif du bist!« (155). Beim nächsten Versuch geht es schon besser, bis sie sagt, den Foxtrott könne er jetzt. Am nächsten Tag will sie mit ihm ein Tanzlokal besuchen, und als er sich wehrt, erinnert sie ihn an sein Versprechen zu gehorchen.

Am nächsten Tag tanzen sie miteinander, sie stellt ihm den Saxophonspieler Pablo vor, Haller ist etwas eifersüchtig. Als sie von anderen Herren zum Tanz gebeten wird, sitzt er allein beim Tee und wundert sich, dass er sich jetzt in dieser von ihm sonst »so sorgfältig gemiedenen, so tief verachteten Welt der Bummler und Vergnügungsmenschen« (157) aufhält. Hermine schimpft mit ihm, weil er allein am Tisch sitzt. Sie bringt ihn dazu, ein hübsches, junges Mädchen anzusprechen und sie aufzufordern. Als diese merkt, dass er nicht gut tanzen kann, übernimmt sie die Führung, »ich vergaß für Augenblicke alle meine Tanzpflichten und Regeln, schwamm einfach mit« (159).

> Pablo

Pablo setzt sich an ihren Tisch: »Seine Unterhaltung bestand darin, daß er bei uns saß, auf seine Armbanduhr sah und Zigaretten drehte, worin er sehr geschickt war« (160).

Ein netter und gut erzogener Mensch, aber ohne Bildung. Hinterher mahnt Pablo Hermine, sie möchte vorsichtig mit Haller umgehen, der sei so unglücklich.

Auch mit Hermine tanzt Harry, es geht viel leichter, auch wenn er sich immer noch nicht völlig vergessen und hingeben kann. »Ich zeige dir mein kleines Theater, ich lehre dich tanzen und ein bißchen vergnügt und dumm sein, und du zeigst mir deine Gedanken und etwas von deinem Wissen« (162). Sie sind sich ähnlich: Auch Hermine ist allein und kann sich selbst nicht lieben. Haller wundert sich, dass sie nicht glücklich ist. Aber auch sie leidet am Leben: »Weißt du, daß wir beide Kinder des Teufels sind?« (163). Er erwähnt, dass der Traktat meint, der Mensch sei sogar aus tausenden Seelen zusammengesetzt, nicht nur aus zweien. Das gefällt ihr. Sie verspricht ihm, dass er jetzt den Tänzer Harry entdecken wird und »alle seine kleinen Brüderlein« (164). Dann fragt sie, wie ihm Maria gefallen hat, mit der er getanzt hat. Er soll ihr ein wenig den Hof machen. Er nehme ohnehin die Liebe zu ernst, sie wird ihm das Spielerische der Liebe zeigen. »Ideal und tragisch lieben, o Freund, das kannst du gewiß vortrefflich« (165).

> Leiden am Leben

Harry denkt über sich nach. Bisher hat er nur bestimmte Seiten seiner Persönlichkeit akzeptiert, vieles hat er »als lästig empfunden und mit dem Namen Steppenwolf belegt« (166). Diese jetzt neu annehmen zu lernen ist aber nicht nur schön. Manchmal kommt er sich wie ein Verräter an seinen Idealen vor. Allerdings weiß er, dass er sich selbst etwas vorgemacht hat: Er hat zwar gegen den Krieg protestiert, hat aber auch Wertpapiere auf der Bank, von deren Zinsen er lebt, hat »sich zwar wundervoll als Idealist und Weltveräch-

> Verräter an alten Idealen

ter« (167) verkleidet, sehnt sich aber doch nach den bequemen Zeiten als Privatgelehrter zurück.

Pablo trifft er jetzt öfter. Einmal streichelt Pablo ihm die Hand und bietet ihm Kokain an. Einmal reden sie über Musik, auch wenn Pablo das nicht gerne macht: Es kommt ihm nur darauf an, Musik zu machen, »so gut und so viel und so intensiv wie möglich« (170). Harry meint, es gehe nicht an, Mozart und Tanzmusik auf eine Stufe zu stellen. Pablo sind die Rangstufen egal, er kennt als Musiker nur eine Pflicht: »Wir müssen das spielen, was gerade im Augenblick von den Leuten begehrt wird, und wir müssen es so gut und schön und eindringlich spielen wie nur möglich« (172).

Als Harry eines Abends nach Hause kommt, liegt Maria nackt in seinem Bett. Bei einem Konzert waren ihm Tränen in die Augen gekommen, auf dem Heimweg hat er lange über sein merkwürdiges Verhältnis zur Musik nachgedacht. Dann erblickt er im Schlafzimmer plötzlich die Schöne. Sein erster Gedanke ist, dass ihm seine Wirtin kündigen wird. Nach einigem Bedenken legt er sich zu ihr. In dieser Nacht erzählt sie ihm von ihrem und Hermines Leben. Mädchen wie sie leben »bald von Gelegenheitsarbeit, bald von ihrer Anmut und Liebenswürdigkeit« (178). Manche verkaufen sich nur gegen hohe Preise, andere sind »ungewöhnlich liebesbegabt und liebesbedürftig, die meisten auch in der Liebe mit beiden Geschlechtern erfahren« (178) und haben zahlende Freunde und richtige Liebesbeziehungen. Am Tag danach mietet Harry ein Zimmer für Maria.

Maria

Harry erlebt die Wochen vor seinem ersten Maskenball. Hermine hat sich Geld von ihm geben lassen für ein Kostüm, das sie ihm aber nicht verrät – auch wo sie wohnt, sagt sie nicht. Er genießt das Zusammensein mit der ungebildeten Maria, ist von ihr bezaubert und lernt die Schönheit der Mode und jener Dinge, »welche alle den einzigen Zweck haben, der Liebe zu dienen« (185). Er lernt über sie viele Menschen kennen, auch Pablo, der sie mit Drogen versorgt. Als der einmal »eine Liebesorgie zu dreien« (186) vorschlägt, lehnt er brüsk ab, Maria bedauert das. Sie rauchen eine Opiumpfeife, und Pablo küsst ihn auf die Augen. Eines Abends bittet Pablo um etwas Geld für den zweiten Geiger, der schwer krank ist. Harry geht mit ihm zu Agostino, der von Pablo umsorgt und gepflegt wird.

> *Eine Opiumpfeife*

Einen Tag vor dem Ball redet Harry mit Hermine. Er erzählt ihr, dass er nahezu glücklich ist, was er ihr zu verdanken habe, dass er aber mit Glücklichsein nicht zufrieden ist, »ich bin nicht dafür geschaffen, es ist nicht meine Bestimmung« (191). Seine Bestimmung ist eher das Unglück: »Ich sehne mich nach Leiden, die mich bereit und willig machen zum Sterben« (192).

Hermine meint, dass er immer bewusster geworden sei und seine Not immer größer. Auch sie kennt das Elend, sie hat von Großem geträumt und endete als kleine Dirne. »Bei mir war das Elend vielleicht mehr materiell und moralisch, bei dir mehr geistig – der Weg war der gleiche« (194). Er ist für diese bequeme Welt zu anspruchsvoll und muss untergehen. Sie erwähnt Mozart: Auch der ist arm gestorben, und andere haben an ihm verdient: »Immer ist es so gewesen und wird immer so sein« (196). Sie beide aber gehörten in die »Gemeinschaft der Heiligen«, eine Welt jenseits der Zeit und des Scheins: »Dort findest du deinen Goethe wieder und deinen Novalis und den Mozart, und ich meine Heiligen, den Christoffer, den Philipp von Neri und alle« (197). Oft denkt sie sogar, dass Pablo einer dieser Heiligen ist.

> *Gemeinschaft der Heiligen*

Haller gibt ihr Recht, ihm scheinen es ohnehin eher seine Gedanken als ihre. Er ist ihr dankbar, dass sie ihn an das heilige Jenseits erinnert hat. Als er am Abend in einer Kneipe auf Maria wartet, merkt er, dass ihm das alles sehr vertraut ist, der Gedanke an die »übermenschliche Heiterkeit, ein ewiges, göttliches Lachen« (199). Wie in Trance schreibt er ein paar Verse auf, die er am nächsten Tag wieder findet, ein Gedicht mit dem Titel »Die Unsterblichen« (200). Er verbringt eine letzte Liebesnacht und genießt »die Schönheit und Hingabe Marias, das Genießen, Betasten, Einatmen von hundert feinen holden Sinnlichkeiten« (201). Dann nimmt er Abschied von ihr.

Eine letzte Liebesnacht

Am nächsten Tag steht er erst abends auf, um für den Maskenball ausgeruht zu sein. Vorher geht er noch in den »Stahlhelm« essen, wo nur Junggesellen und enttäuschte Männer sitzen. Auch hier hat er das Gefühl, Abschied nehmen zu müssen. Auf dem Heimweg kommt er an einem Kino vorbei und sieht sich einen Spielfilm über das Alte Testament an. Erst danach geht er zum Ball, der schon im Gange ist, das Haus ist voll mit Menschen, überall wird Musik gemacht, Pablo grüßt ihn von der Bühne, Harry lässt sich durch die Gänge und Säle und über die Treppen schieben. Er sieht weder Maria noch Hermine und will wieder gehen. Als er an der Garderobe seine Marke nicht findet, gibt ihm ein anderer Gast seine, auf der steht: »*Heut nacht von vier Uhr an magisches Theater – nur für Verrückte – Eintritt kostet den Verstand. Nicht für jedermann. Hermine ist in der Hölle*« (211).

Im Kino

Ein Gang im Keller ist als Hölle dekoriert. Dort sieht er einen hübschen Jungen auf einem Hocker, den er als Hermann begrüßt, seinen Jugendfreund: Es ist Hermine, als Mann verkleidet. Als er fragt, ob sie ihn so verliebt machen will, antwortet sie: »Bisher [...] habe ich erst einige Damen verliebt gemacht. Aber jetzt kommst du an die Reihe« (213). Und wirklich ist Harry sehr verliebt zumute, er will aber nicht zärtlich werden, weil sie wie ein Mann aussieht. Zusammen verführen sie Frauen und tanzen. Harry genießt das Fest und den Rausch der Gemeinschaft. Früher hatte er immer gedacht, so ein Erlebnis sei nur jungen Menschen möglich oder »Völkern, die sich keine starke Individuation und Differenzierung der einzelnen gestatteten« (216). Er ist erstaunt über sich.

> Hermine, als Mann verkleidet

Spät sieht Harry eine schwarzweiße Pierrette, die noch nicht erschöpft ist von der langen Nacht. Als er sie küsst, merkt er, dass es Hermine ist, die sich umgezogen hat. Nach dem Tanz mit ihr hört urplötzlich die Musik auf, der Ball ist zu Ende. Während alle anderen gehen, bleiben Harry und Hermine stehen, er hört ein geisterhaftes Lachen. Sie fragt ihn, ob er »bereit« sei. Sie gehen mit Pablo: »Bruder Harry, ich lade Sie zu einer kleinen Unterhaltung ein. Eintritt nur für Verrückte, kostet den Verstand« (222).

Pablo bietet ihnen ein Glas mit einer unbekannten Flüssigkeit und eine lange gelbe Zigarette an. Er weiß, dass Harry sich nach einer anderen Wirklichkeit sehnt und dass er ihm helfen kann, sie zu finden: »Ich kann Ihnen nichts geben, nur die Gelegenheit, den Anstoß, den Schlüssel« (224). Er lässt ihn in einen Handspiegel sehen: So hat er sich bisher gesehen. Dann zieht er einen Vorhang zur Seite, »und da standen wir im runden, hufeisenförmigen Korridor eines Theaters [...], und nach beiden Seiten hin führte der gebogene Gang an

> Der Handspiegel

sehr vielen, an unglaublich vielen schmalen Logentüren vorüber« (225).

Pablo erklärt, dass sein Theater so viele Türen hat, wie man will, hinter jeder Tür ist das, was man sucht. Aber zuerst muss man sich der »sogenannten Persönlichkeit« (226) entledigen. Harry sei dafür schon vorbereitet, durch den Ball, den Traktat und das »kleine Anregungsmittel« (226) von vorhin. Er gibt letzte Anweisungen: Harry soll in den Spiegel sehen und durch ein kräftiges Lachen den Steppenwolf-Harry, den er dort sieht, zerstören. Harry lacht, bis das Spiegelbild verschwunden ist. Pablo freut sich, aber er warnt auch: »Wir sind hier in einem magischen Theater, es gibt hier nur Bilder, keine Wirklichkeit« (228). Dann zieht er ihn vor den großen Spiegel. Dort sieht sich Harry, wieder lacht er und zerfällt in hunderte von Harrys, junge und alte, ernste und lustige. Sie laufen davon, ein junger, hübscher küsst Pablo, ein anderer läuft den Flur entlang und in die Tür mit der Aufschrift »*Alle Mädchen sind dein! Einwurf eine Mark*« (229).

> Hunderte von Harrys

Harry geht durch eine Tür mit der Inschrift »*Auf zum fröhlichen Jagen! Hochjagd auf Automobile*« (230): Menschen kämpfen gegen Maschinen, man ist aufgerufen, die »Fabriken anzuzünden und die geschändete Erde ein wenig auszuräumen und zu entvölkern, damit wieder Gras wachsen« (231) kann. Andere Plakate warnen vor dem Chaos. Überall wird geschossen. Plötzlich taucht Harrys Schulfreund Gustav auf. Er erschießt einen Autofahrer und fährt mit Harry aus der Stadt. An einem See hält er an, beide steigen in ein Baumhaus, wo sie Gewehre und Munition finden. Als ein Lastwagen kommt, erschießt Harry den Fahrer. Den nächs-

> Hochjagd auf Automobile

ten Wagen nimmt sich Gustav vor. Sie sehen sich die Toten an, auf einer Visitenkarte steht: »Tat twam asi« (235). Aus dem nächsten Auto, auf das sie schießen, steigt ein junges Mädchen. Im Auto sitzt ein Oberstaatsanwalt, der lieber mit dem Auto zusammen vernichtet als gerettet werden will. Als Gustav ihn ausfragt, ist er gelangweilt und bittet um den Tod. Gustav erzählt, dass er früher aus Pflicht getötet hat, jetzt tut er es aber aus Lust. Der nächste Wagen rast in den des Oberstaatsanwalts. Gustav zwingt die Fahrer, den Schwerverletzten mitzunehmen. Mit Dora, dem Mädchen, klettern sie wieder ins Baumhaus, trinken Kognak und schießen weiter. Als Harry anfängt zu philosophieren, lacht Gustav und bittet ihn, das Gewehr zu laden und aufzuhören zu träumen. Drei weitere Autos schießen sie ab, dann wird es Nacht. In der Ferne sehen sie eine brennende Stadt, und als ein Spaziergänger vorbeikommt und ein Picknick veranstaltet, klettern sie hinunter. Harry fällt ins Leere.

> Töten aus Lust

Er wacht im Korridor auf und liest die Aufschriften an den Türen. Bei »*Anleitung zum Aufbau der Persönlichkeit. Erfolg garantiert*« (244) geht er hinein. Er kommt in einen kleinen Raum, in dem ein Mann auf dem Boden sitzt und bittet, ein »paar Dutzend Ihrer Figuren zur Verfügung« gestellt zu bekommen, »in welche Sie Ihre sogenannte Persönlichkeit haben zerfallen sehen« (245). Harry sieht in einen Spiegel, seine Ichs fallen als Spielfiguren heraus. Der Mann doziert, es sei ein Irrtum, dass man nur ein Ich habe oder die Führung eines Ichs über die anderen dauerhaft sei. Man könne sie immer in beliebiger Ordnung zusammenstellen: Auf einem Spielbrett ordnet er die Figuren zu immer wieder neuen Konstellationen, Bündnissen und

> Anleitung zum Aufbau der Persönlichkeit

Kämpfen an, setzt sie immer wieder neu zusammen, alle sind sich ähnlich, aber doch verschieden. »Das ist Lebenskunst« (247).

Harry geht in den nächsten Raum: »*Wunder der Steppenwolfdressur*« (248). Er kommt in eine Jahrmarktbude mit einem Dompteur, der einen Wolf an der Leine führt. Der Wolf gehorcht, frisst Schokolade und legt sich neben einen Hasen. Dann werden die Rollen getauscht: Der Dompteur muss gehorchen, bis er Lamm und Kaninchen roh frisst. Entsetzt flieht Harry: »Dieses magische Theater, sah ich, war kein reines Paradies« (251).

> Wunder der Steppenwolfdressur

Ängstlich läuft er hin und her, bis er an das Schild kommt: »*Alle Mädchen sind dein*« (252). Er ist wieder jung, fünfzehn oder sechzehn Jahre alt. Er erinnert sich an den Tag, als er sich in Rosa Kreisler verliebte. Damals hatte er sie vorbeigehen lassen, jetzt spricht er sie an. Sie gehen zusammen weiter und sind glücklich. Später sehen sie sich wieder, küssen und berühren sich schüchtern. Harry durchlebt sein vergangenes Liebesleben noch einmal, aber unter glücklicheren Umständen: »Jede wurde mein, jede auf ihre Art« (258). Er staunt, dass sein armes Gelehrtenleben so voller Versuchungen gewesen ist.

> Alle Mädchen sind dein

Die nächste Tür trägt die Aufschrift »*Wie man durch Liebe tötet*« (260). Harry hat Angst. In seiner Tasche findet er ein Messer, und als er in den Spiegel sieht, steht dort ein Wolf. Beim zweiten Blick sieht er sich, alt und müde, auf den Tod wartend. Aus der Ferne hört man die Musik aus Mozarts *Don Giovanni*, die den Steinernen Gast begleitet, und dann ein »helles und eiskaltes Gelächter« (262), Mozart geht

> Wie man durch Liebe tötet

an Harry vorbei. Es erscheint eine Ebene, durch die ein alter Mann einen Zug von tausenden Männern anführt. Es ist Brahms, und die vielen Männer sind die Noten, die »nach göttlichem Urteil in seinen Partituren überflüssig gewesen« (263) sind. Auch Wagner zieht so vorbei. Die vielen Noten sind übrigens ein Fehler ihrer Zeit gewesen, den sie trotzdem büßen müssen. Als Mozart sieht, dass Harry an seine vielen unnützen Artikel denkt, lacht er und beschimpft ihn. Harry nimmt Mozart beim Zopf und wirbelt ihn durch die Luft.

Verwirrt wacht Harry im Korridor wieder auf. Im Spiegel sieht er sich abermals als alten, müden Mann. Er schleppt sich durch die Gänge, aber an keiner Tür steht etwas; kommt in einen Raum und sieht Pablo und Hermine nackt beieinander liegen. Da, wo Pablo sie in die Brust gebissen hat, stößt er sein Messer hinein. Sie ist tot.

> Mord an Hermine

Als Pablo aufwacht, lächelt er, deckt Hermine mit einem Teppich zu und geht. Harry weiß nicht mehr, ob es richtig war, sie zu töten. Er hört Musik, Mozart kommt herein, modern gekleidet, und dreht an einem Radiogerät, bis man ein Händelkonzert hört, verzerrt und scheppernd. Mozart lacht: Man höre ja doch nicht nur den göttlichen Händel, sondern auch den Kampf zwischen Ewigkeit und Zeit. Und Harry habe mit dem Mord an Hermine auch nicht richtig gehandelt. Harry klagt sich selbst an und verteidigt sich: Eigentlich habe sie ihn ja darum gebeten. Er ist aber bereit, dafür zu büßen. Mozart findet ihn zu pathetisch und führt ihn dann zu seiner Hinrichtung. Ein Staatsanwalt liest vor einigen Herrn in Talaren und Gehröcken die Anklage vor: »Haller hat nicht nur die hohe Kunst beleidigt, indem er unsern schönen Bildersaal mit der sogenannten Wirklichkeit verwechselte und ein gespiegeltes Mädchen mit einem gespiegelten Messer totgestochen hat, er hat sich außerdem unsres Theaters humorloserweise als einer Selbstmordmechanik zu bedienen die Absicht gezeigt« (275). Die Strafe ist Ausgelachtwerden.

Als Harry wieder zu sich kommt, sagt Mozart, jetzt müsse er weiterleben und endlich »den Humor des Lebens« (276) lernen. Dann verwandelt er sich in Pablo, der enttäuscht ist, dass Harry sein Theater »mit Wirklichkeitsflecken besudelt« (278) hat. Mit diesen Worten steckt er Hermine, eine Spielfigur, in die Tasche. Zusammen rauchen sie eine Zigarette.

Harry ist bereit, das Spiel noch einmal zu beginnen und »die Hölle meines Innern nochmals« (278) zu durchwandern: »Einmal würde ich das Figurenspiel besser spielen. Einmal würde ich das Lachen lernen. Pablo wartete auf mich. Mozart wartete auf mich« (278).

> Die Hölle meines Innern

3. Personen

Harry Haller. Harry Haller ist ein etwa fünfzigjähriger Mann: »Er war nicht sehr groß, hatte aber den Gang und die Kopfhaltung von großgewachsenen Menschen, er trug einen modernen, bequemen Wintermantel und war im übrigen anständig, aber unsorgfältig gekleidet, glatt rasiert und mit ganz kurzem Kopfhaar, das hier und dort ein wenig grau flimmerte« (9). Haller leidet unter Gicht und hat häufig starke Schmerzen.

Er hat sich zwei möblierte Zimmer gemietet, die er einige Monate lang bewohnt. Er geht keiner geregelten Arbeit nach und schläft morgens lange. Er trinkt unregelmäßig, isst manchmal tagelang fast nichts, geht ins Restaurant oder in Vorstadtkneipen. Er besucht Bibliotheken, liest viele und ausgefallene Bücher, geht abends viel spazieren und besucht Konzerte und Vorträge. Früher ist er viel gereist, sein Koffer trägt Aufkleber aus fremden Städten und Ländern.

Haller ist ein Gelehrter und Publizist, der sich in Artikeln vehement gegen den Krieg äußert, früher viel mit Kollegen über alte Religionen diskutiert hat, Außenseitermeinungen vertritt und damit auf viele normale Gelehrten oft sehr anregend wirkt. Wegen seiner pazifistischen Meinungen allerdings wird er angegriffen.

Gelehrter und Publizist

Er hatte eine Frau, die schizophren wurde und von der er sich scheiden ließ. Er hat eine Geliebte, Erika, mit der er sich nicht besonders gut versteht. Er ist eher ungesellig und bleibt oft für sich. Aber er leidet auch unter dieser Absonderung, er möchte dazugehören und sehnt sich nach Anerkennung. Haller sieht seine Persönlichkeit in zwei Teile gespalten. Zum

3. PERSONEN

einen ist er ein normaler, gebildeter Mensch, zum anderen ein Steppenwolf. Beide Persönlichkeiten bekämpfen sich heftig. Hat Haller einmal einen Anfall von Bürgerlichkeit, beschimpft ihn der Steppenwolf und macht sich über ihn lustig; gibt er seinem Steppenwolf nach und schlägt um sich, mahnt ihn der Bürger zum guten Verhalten. Selbsthass und -verachtung quälen Harry, der sich nicht aus diesen Rollen befreien kann. Der Selbsthass geht so weit, dass er immer wieder vorhat, sich umzubringen.

> Persönlichkeit in zwei Teilen

Erst als er Hermine trifft, lernt er ein wenig Ruhe und Gelassenheit. Sie bringt ihm Tanzen bei, bei ihr lernt er zu lachen und sich zu amüsieren, den Sex mit ihrer Freundin Maria zu genießen, schließlich geht er sogar auf einen Maskenball. Am Schluss des Romans ist er zwar noch nicht von seinem Selbsthass geheilt, aber er hat doch ein wenig gelernt.

Neben der Hauptperson Harry Haller kann man mehrere Gruppierungen erkennen: Die außerhalb der bürgerlichen Sphäre Stehenden wie Hermine, Maria und Pablo; die Bürger, wie die Vermieterin, ihr Neffe, der Professor und seine Frau; und die »Unsterblichen«: Mozart und Goethe.

Die Unbürgerlichen

Hermine. Hermine ist eine junge, hübsche Frau. Harry beschreibt sie zunächst als »hübsches bleiches Mädchen […], in einem dünnen, tief ausgeschnittenen Ballkleidchen, eine verwelkte Blume im Haar« (112). Etwas später bemerkt er »das bleiche feste Gesicht mit dem blutrot gemalten

> Eine junge, hübsche Frau

Mund, mit den hellen grauen Augen, mit der glatten, kühnen Stirn, mit der kurzen straffen Locke vorm Ohr« (113). Sie ist aufmerksam und freundlich, sie tadelt ihn und gibt ihm Anweisungen, putzt ihm die Brille und bestellt ihm etwas zu essen. Später befiehlt sie ihm, tanzen zu lernen. Sie duzt ihn, während er zunächst beim »Sie« bleibt. Seine Ausflüchte lässt sie nicht gelten und tadelt ihn, dass er nie einfache Sachen gelernt hat.

Hermine lässt sich aushalten und von Männern bezahlen. Sie hat auch lesbische Erfahrungen und ist eine androgyne Erscheinung, die ihn an einen Jugendfreund erinnert. Beim Maskenball verkleidet sie sich sogar als Mann. Sie stellt ihm Pablo und Maria vor und überredet sie, seine Geliebte zu werden.

> Auch sie ist nicht immer zufrieden mit ihrem Leben, leidet manchmal darunter und verlangt einmal von Harry, dass er auch ihren letzten Befehl ausführen soll, sie zu töten. Sie mag ihn, weil »ich gerade so allein bin wie du und das Leben und die Menschen und mich selber gerade so wenig lieben und ernst nehmen kann wie du« (162). Als er von seinen Erlebnissen mit dem Professor erzählt, versteht sie ihn. Ihre Persönlichkeit ist seiner sehr ähnlich.

Leiden am Leben

Maria. Auch Maria lebt vom Geld der Männer. Harry findet, dass sie »mit den kurzgeschnittenen, kräftigen Blondhaaren und den vollen, fraulichen Armen entzückend aussah« (158). Hermine fordert Harry auf, mit ihr zu tanzen. Etwas später nimmt er sie als Geliebte und mietet für sie beide ein Zimmer. Sie ist »ungewöhnlich liebesbegabt und liebesbedürftig, […] auch in der Liebe mit beiden Geschlechtern

Geliebte

erfahren« (178). Einmal ist sie enttäuscht, als Harry eine »Liebesorgie zu dreien« (186) ablehnt. Harry ist von ihr bezaubert und lernt von ihr die Hingabe an die schönen Dinge des Lebens. Im Roman ist sie die Verkörperung der Sinnlichkeit.

Pablo. Pablo ist Saxophonist, Star einer Kapelle mit Jazzmusikern, die nachts Tanzmusik spielen. Er ist schön, jung, dunkel, mit »schwarzen gleißenden Augen« (157) und ein Freund und Geliebter von Maria und Hermine. An Gesprächen über Musik ist er nicht interessiert. Als Harry einmal den Rang Mozarts erwähnt, bekennt er, dass er die Musik nicht analysiert und vergleicht, sondern sie nur spielt, »so gut und so viel und so intensiv wie möglich« (170). Harry hält ihn für etwas dumm. Pablo ist bisexuell, streichelt Harrys Hand, schlägt eine »Liebesorgie zu dreien« (186) mit Harry und Maria vor und küsst Harry auf die Augen. Er kennt sich mit Drogen aus und versorgt auch Harry mit Kokain und Opium.

An Gesprächen nicht interessiert

Allerdings hat Pablo auch eine fürsorgliche Ader und strahlt menschliche Wärme aus. Hermine bittet er, mit Haller vorsichtig umzugehen. Und eines Tages bittet er Harry um etwas Geld für den zweiten Geiger, der schwer krank ist und von Pablo umsorgt und gepflegt wird.

Nach und nach verändert sich Pablos Rolle, schon Hermine deutet an, dass er »vielleicht [...] ein versteckter Heiliger sein könnte« (197). Am Schluss ist er tatsächlich der Führer ins »Magische Theater«. Er sagt Harry, wie er sich verhalten soll. Und Harry redet schließlich von seinem »Freunde Pablo« (216). Am Ende verwandelt sich

Ein versteckter Heiliger

Mozart in Pablo, der etwas enttäuscht ist, wie Harry sein magisches Theater »mit Wirklichkeitsflecken besudelt« (278) hat. Und Harry akzeptiert ihn als Führer und Lehrer, mit Mozart gleichberechtigt: »Pablo wartete auf mich. Mozart wartete auf mich« (278).

Die Bürger

Streng von diesen ungewöhnlichen Personen getrennt sind die Bürger: die Vermieterin, ihr Neffe, der Professor und seine Frau. Sie spürt Harrys Sehnsucht nach Geborgenheit, bemuttert ihn und macht ihm Zugeständnisse, die dem Neffen zunächst nicht recht sind. Aber auch er gewinnt nach und nach ein gewisses Verständnis für ihn. Dagegen verurteilen der Professor und seine Frau alles, was Harry heilig ist. Die Frau liebt einen Goethe, den Harry nur als süßlich und verlogen empfinden kann, der Mann hat kein Gespür dafür, dass Harry sich in seiner Gesellschaft unwohl fühlt, er liest eine nationalistische Zeitung, die Harry als vaterlandslosen Gesellen verurteilt. Von diesen Personen ist nur eine vage Oberfläche wahrnehmbar, aus Harrys oder des Neffen Perspektive.

> Die bürgerliche Gegensphäre

Die Unsterblichen

Goethe und **Mozart.** Die Unsterblichen sind große Denker und Künstler. Im *Steppenwolf* treten zwei namentlich auf: Goethe und Mozart. Sie erscheinen aber nur in einem magischen Kontext. Von Goethe wird Harry in einem Traum empfangen. Er greift ihn als zu eitel und zu wenig aufrichtig an. Goethe verteidigt sich und meint, es sei doch auch viel Spielerisches an ihm gewesen. Schließlich sagt er, dass Harry ihn viel zu ernst nimmt: »Wir Unsterblichen lieben das Ernstnehmen nicht, wir lieben den Spaß« (127). Er tanzt, lacht und zaubert und spielt mit Hallers Angst und Verlangen.

Mozart ist für Harry der wichtigste »Unsterbliche«. Er trifft ihn im »Magischen Theater«. Harry hört die Musik aus Mozarts Oper *Don Giovanni*, die den Steinernen Gast begleitet. Hinter sich hört er ein »helles und eiskaltes Gelächter« (262), Mozart geht an ihm vorbei. Als sie über die Musik reden, wird Harry feierlich, aber Mozart lacht ihn aus. Später erscheint Mozart noch einmal und stellt ein Radio an, man hört ein Händelkonzert, verzerrt und scheppernd. Wieder lacht er Harry aus, der die moderne Technik verabscheut.

Als sich Harry wegen des Mordes an Hermine verteidigt, findet Mozart ihn zu pathetisch und führt ihn zu seiner Hinrichtung, wo er ausgelacht wird. Als Harry wieder zu sich kommt, sagt Mozart, jetzt müsse er weiterleben und endlich »den Humor des Lebens« (276) lernen. Dann verwandelt er sich in Pablo.

4. Werkaufbau

Der Steppenwolf erzählt einen Ausschnitt aus dem Leben eines Mannes, der etwa zehn Monate in einer Schweizer Stadt zur Untermiete lebt.

In drei Teile gegliedert

Der Roman ist in drei Teile gegliedert: Nach der Einleitung des Herausgebers, der Harry Haller aus seiner Sicht schildert, folgt das Manuskript von Haller selbst, in dem er von seinen Erlebnissen erzählt. Es wird unterbrochen vom »Tractat vom Steppenwolf«, in dem das Steppenwolf-Phänomen aus einer übergeordneten Warte betrachtet und analysiert wird.

Das Manuskript Hallers selbst hat einen differenzierten Aufbau. Der erste Teil erzählt von der Einsamkeit Hallers bis zur Begegnung mit Hermine. Es folgt der zweite Teil mit der Erziehung Hallers durch Hermine. Der Höhepunkt dieses Teils ist der Maskenball. Der dritte Teil erzählt vom magischen Theater, das Haller nach dem Maskenball besucht.

Dieser letzte Teil ist in mehrere Abschnitte unterteilt, in denen Harry verschiedene Türen öffnet und unterschiedliche Abenteuer erlebt: »*Hochjagd auf Automobile*«, »*Anleitung zum Aufbau der Persönlichkeit*«, »*Wunder der Steppenwolfdressur*«, »*Alle Mädchen sind dein*« und »*Wie man durch Liebe tötet*«. Dieser Teil schließt mit der Gerichtsverhandlung und einem positiven Ausblick ab.

Man kann die Einteilung aber auch anders vornehmen. Danach ist der Einleitungsteil die Einführung durch den Herausgeber, die Erzählung Harrys und der Steppenwolf-Traktat: Alle drei Teile stellen die Hauptperson erst aus verschiedenen Perspektiven vor. Der Hauptteil beginnt mit der Begegnung mit Hermine, als Schluss kommt das Magische Theater, in dem die Erziehung Harrys zu einem vorläufigen Ende gelangt.

Es gibt drei Ich-Erzähler. Der erste ist der Neffe der Vermieterin, der Haller von außen beschreibt. Der zweite ist Harry Haller selbst, der seine Erlebnisse beschreibt, zum Teil dieselben wie der Neffe, und ihnen dadurch eine zusätzliche Dimension gibt. Der dritte ist der auktoriale Erzähler des »Tractats«. Sie alle beschreiben die Zerrissenheit Hallers zwischen Steppenwolf und Bürger, sie deuten alle Gesichtspunkte zumindest an, betonen aber durch die unterschiedliche Perspektive verschiedene Aspekte: der Neffe die unbürgerliche Lebensführung; Haller das innerliche Leiden, die Bemühungen, es zu beenden; der Traktatautor die psychologischen und philosophischen Hintergründe.

Drei Ich-Erzähler

Auch der Traktat ist in drei Teile unterteilt. Der erste analysiert den Typus »Steppenwolf« anhand des dualistischen Prinzips Gut und Böse, Steppenwolf und Harry. Der zweite Teil analysiert das Bürgerliche in Harry, stellt den hohen Individuationsgrad als größtes Problem vor und schlägt den Humor als Lösung vor. Der dritte Teil des Traktats stellt eine Heilmethode vor: Harry muss einsehen, dass er nicht nur aus zwei, sondern aus unendlich vielen Persönlichkeiten zusammengesetzt ist.

Motive und Symbole

Das zentrale Symbol des Romans ist schon im Titel präsent: *Der Steppenwolf*. Schon im ersten Satz des Buchs, im Vorwort, wird dieser Ausdruck für Haller benutzt. Nicht nur im Vorwort des Herausgebers, der Haller mehrfach »Steppenwolf« nennt, und im Traktat, der dieses Tier im Titel trägt, wird es immer wieder genannt. Auch in Hallers eigenen Aufzeichnungen kommt dieses zentrale Symbol immer wieder vor, zum ersten Mal, als er über seine Heimatlosigkeit sinniert und sich der »heimatlose Steppenwolf und einsame Hasser der kleinbürgerlichen Welt« (36) nennt. Selbst Hermine nennt ihn häufig so. Diese einsame Existenz zieht sich durch den ganzen Roman. Dabei ist der Wolf zwar nur ein Aspekt von Hallers Persönlichkeit, aber er ist ein sehr mächtiger, der mit den bürgerlichen Aspekten in Konkurrenz steht und ihm jegliches Vergnügen unmöglich macht. Der Wolf ist ein bekanntes Symbol der Menschheitsgeschichte, vom Gilgamesch-Epos und Plautus' Komödie *Asinaria* über Thomas Hobbes bis zu Jack Londons Abenteuerromanen.

Auch der Spiegel ist ein wichtiges Symbol für den Roman. Es zeigt Harrys Versuch, sich zu finden, sich zu sehen, wie er wirklich ist. Dabei muss er sich von sich selbst distanzieren und sich von außen sehen. Bei dieser Distanz helfen ihm verschiedene Spiegel. Schon in den Lichtspiegelungen von der alten Mauer, wo »ein paar farbige Lichtbuchstaben über den spiegelnden Asphalt« (43) tropfen, zeigt sich die Macht des Spiegels. Im Traktat wird ihm angekündigt, dass er sich zu erkennen lernt, falls »er einen unsrer kleinen Spiegel in die Hand« (74) bekommt. Harry begegnet dann tatsächlich mehreren Spiegeln, einer davon ist Hermine: »Begreifst du das nicht, du gelehrter Herr: daß ich dir darum gefalle und für dich wichtig bin, weil ich wie eine Art Spiegel für dich bin [...]?« (140). Zweimal sieht Haller in den kleinen Spiegel, den ihm Pablo vorhält, und sieht »ein unheimliches, in sich selbst bewegtes, in sich selbst heftig arbeitendes und gärendes Bild: mich selber, Harry Haller, und innen in diesem Harry den Steppenwolf« (224). Ein weiteres Mal sieht Harry in den Taschenspiegel: »Wieder blickte mir der wirre, wolkige, von der ringenden Wolfsgestalt durchflossene Harry entgegen, ein mir wohlbekanntes und wahrlich nicht sympathisches Bild, dessen Vernichtung mir keine Sorge bereiten konnte« (227). Und im großen Wandspiegel sieht er, wie sich seine Person in unendlich viele Einzelpersönlichkeiten auflöst.

Im Magischen Theater begegnet er einem Mann, der ihm zeigt, wie sich seine Persönlichkeit zusammensetzt und wie man damit spielerisch umgehen kann. Auch er »hielt mir einen Spiegel vor, wieder sah ich darin die Einheit meiner Person in viele Ichs zerfallen, ihre Zahl schien noch gewachsen zu sein« (245). Bei der Steppenwolfdressur erblickt er einen »Zerrspiegelzwilling« (249). Im letzten Raum steht er wieder vor einem Spiegel und sieht nur sein eigenes, müdes Ich, das zu ihm sagt: »Ich warte auf den Tod« (261). Nach einem Intermezzo mit Mozart zertritt Harry den Spiegel, und erst bei seiner »Hinrichtung« erfährt er, dass er »ein gespiegeltes Mädchen mit einem gespiegelten Messer totgestochen hat« (275).

Und schließlich spielt die Musik eine wichtige Rolle. Sie ist für Harry Haller eine »goldene göttliche Spur« (39) zu einem anderen Sein, zu den Unsterblichen, von denen der wichtigste Mozart ist. Sehr häufig werden im *Steppenwolf* Musiker

Die Musik

genannt, bei einem Konzert hat Haller ein mystisches Erlebnis, bei Diskussionen vertritt er die Meinung, dass die alte Musik, besonders die von Mozart, etwas Göttliches hat. Demgegenüber steht die Musik der Moderne, die stets als seicht und laut beschrieben wird, eine grobe Kunstform, nur zur Unterhaltung.

Wichtige Symbole für Harrys Befreiung sind das Spiel, der Tanz und das Theater. Beim Tanz lernt Harry, sich zu amüsieren und Leben und Liebe zu genießen. Er ist ein strenger Mensch, der sich nicht gehen lassen kann. Und so hat er auch Schwierigkeiten, das Magische Theater zu genießen. Zwar fühlt er sich in einigen Räumen sehr wohl, hat Spaß an der Jagd auf Autos, am Schießen auf Menschen und erlebt sehr lustvoll seine vergangenen Geliebten noch einmal. Aber er hat noch nicht gelernt, diesen Spaß in sein wirkliches Leben zu integrieren: Er verwechselt das Theater mit der Wirklichkeit und ersticht Hermine.

5. Wort- und Sacherläuterungen

14,18 **Kanzel:** veraltet für Rednerpult.
17,1 **Nietzsches:** Friedrich Nietzsche (1844–1900), deutscher Philosoph.
18,29 **Buddha:** Siddhartha Gautama (um 566–486 v. u. Z.), Begründer des Buddhismus.
18,31 **»Nacht« von Michelangelo:** allegorische Skulptur von Michelangelo Buonarroti (1475–1564).
18,32 **Mahatma Gandhi:** Mohandas Karamchand Gandhi (1869–1948), indischer Politiker, Vertreter der Gewaltlosigkeit.
19,16 f. **»Sophiens Reise von Memel nach Sachsen«:** mehrbändiger Bestseller des 18. Jahrhunderts, von Johann Timotheus Hermes (1738–1821).
19,18–21 **Goethe … Lichtenberg:** deutsche Schriftsteller des 18. und 19. Jahrhunderts.
19,21 **Dostojewski:** russischer (Roman-)Autor (1821–81).
19,30 **Burgunder:** Wein aus Burgund.
19,31 **Malaga:** Dessertwein aus der Region der südspanischen Stadt Málaga.
20,10 **Abstinent:** Antialkoholiker.
21,27 f. **Azalee, Araukarie:** Zimmerpflanzen.
23,17 **guter Grieche:** gut im Schulfach Griechisch.
24,21 **Trambahnschaffners:** Straßenbahnschaffners.
24,30 f. **Zugängerin:** Putzfrau.
25,25 **Händel:** Georg Friedrich Händel (1685–1750), deutscher Komponist.
25,30 **Friedemann Bach:** deutscher Komponist (1710–84), ältester Sohn von Johann Sebastian Bach.
26,9 **Reger:** Max Reger (1873–1916), deutscher Komponist.

5. WORT- UND SACHERLÄUTERUNGEN

29,30 **Kanapee:** Sofa, Couch.

34,2 f. **dem Beispiele Adalbert Stifters zu folgen:** Der österreichische Schriftsteller Adalbert Stifter (1805–68) hat sich mit dem Rasiermesser umgebracht.

34,28 **Brom:** ein altes Beruhigungsmittel.

36,21 **Klause:** Zelle, kleiner Raum.

39,12 **Piano:** hier: leises Spiel.

40,1 **Descartes:** René Descartes (1596–1650), französischer Philosoph, Rationalist.

40,1 f. **Pascal:** Blaise Pascal (1623–62), französischer Mathematiker und Philosoph.

44,23 **Philister:** Wort aus der Studentensprache, hier: Kleinbürger, Spießbürger.

46,1 **schöppelnde:** nach Schoppen: weintrinkende.

46,21 **Giottosche Engelscharen:** Wandmalereien des italienischen Malers Giotto di Bondone (1266–1337) in Padua.

46,23 **Hamlet und die bekränzte Ophelia:** Anspielung auf Shakespeares Stück *Hamlet*, in dem Ophelia wahnsinnig wird, sich mit Blumen behängt und Selbstmord begeht.

46,25 f. **Luftschiffer Gianozzo:** Anspielung auf die Erzählung *Des Luftschiffers Gianozzo Seebuch* von Jean Paul (1763–1825).

46,26 **Attila Schmelzle:** Figur in Jean Pauls Erzählung *Des Feldpredigers Schmelzle Reise nach Flätz*.

46,27 **Borobudur:** große buddhistische Tempelanlage in Mitteljava, etwa aus dem 9. Jahrhundert.

47,7 **Miniaturen:** farbige Illustrationen in mittelalterlichen Handschriften.

47,17 **Gubbio:** Stadt in Mittelitalien.

48,8 **Stil Louis Seize:** französischer Möbelstil aus den 1760er-Jahren, benannt nach König Ludwig XVI. (1754–93).

5. WORT- UND SACHERLÄUTERUNGEN 49

49,32 **im Rom der letzten Kaiser:** Anspielung auf die Dekadenz im römischen Reich zwischen dem 3. und 5. Jahrhundert, die seinen Untergang begleitete.

58,2 **wie ein einziger Sünder ...:** Anspielung auf Lukas 15,7.

59,29 f. **Urmutter:** Anspielung auf die Psychologie von C. G. Jung, nach dessen Vorstellungen es als Archetypen einen Urvater und eine Große Mutter gibt.

70,5 **common sense:** englisch für: gesunder Menschenverstand.

71,4 **Wer nicht wider mich ist, der ist für mich!:** Anspielung auf Lukas 11,14–23, wo Jesus sagt: »Wer nicht mit mir ist, der ist wider mich.«

71,32–72,1 **ein drittes Reich:** Anspielung auf die mittelalterliche Vorstellung, dass ein Drittes Reich kommen wird, in dem alles Leid aufhört.

77,11 **Schizophrenie:** eigentlich eine Geisteskrankheit mit völligem Verfall der Persönlichkeit, hier: widersprüchliche Persönlichkeit.

78,25 f. **Inkarnationsreihen:** Vorstellung aus der indischen Philosophie, nach der ein Lebewesen viele Wiedergeburten erleben muss.

79,3 **Faust, Mephisto, Wagner:** Figuren aus Goethes *Faust*.

79,9 **»Zwei Seelen wohnen, ach, in meiner Brust«:** Zitat aus Goethes *Faust* I, 1112.

79,19 f. **im buddhistischen Yoga:** körperliche und spirituelle Übungen, mit denen die Illusion des Ich durchschaut werden kann.

79,25 **Okzident:** Abendland, westliche Kultur.

80,6 f. **Sublimierte:** Verfeinerte.

80,23–27 **»Der Mensch ist [...] Brücke zwischen Natur**

und Geist«: Anspielung auf Nietzsches *Also sprach Zarathustra*.

81,13 **Moloch:** ursprünglich ein Gott, dem Menschen geopfert wurden, allgemein Symbol für etwas, das alles verschlingt und zerstört.

81,24 **Schafott:** Hinrichtungsstätte.

82,26 **Vereinsamung im Garten Gethsemane:** Hier betete Jesus am Abend vor seiner Verhaftung, während seine Jünger entgegen seiner Bitte einschliefen.

83,10 **»Zurück zur Natur«:** Anspielung auf die Gedanken des französischen Philosophen Jean-Jacques Rousseau (1712–28).

83,18 f. **»O selig, ein Kind noch zu sein!«:** Refrain des Liedes »Sonst spielt' ich mit Zepter« aus der Oper *Zar und Zimmermann* von Albert Lortzing (1801–51).

88,4 **Knittelversen:** volkstümliche, unregelmäßige Versform, die etwas holprig klingt.

90,21 **Nietzsches Herbstlied:** Anspielung auf Nietzsches Gedicht *Abschied*.

91,8 **Kohlengas:** Kohlenmonoxyd.

91,26 f. **der edle Don Quichotte:** Titelheld des gleichnamigen Romans von Miguel de Cervantes Saavedra (1547–1616); sprichwörtlich für jemanden, der die Realität völlig verkennt.

101,12 f. **Sokrates, Haydn, Dante:** der griechische Philosoph Sokrates (469–399 v. u. Z.), der österreichische Komponist Joseph Haydn (1732–1809) und der italienische Dichter Dante Alighieri (1265–1321); sie alle gehören zu den »Unsterblichen«.

102,3 **englisches Pflaster:** dünnes Seidenpflaster.

103,17 **Einstein:** In seiner »Speziellen Relativitätstheorie« von 1905 stellte der Physiker Albert Einstein (1879–1955)

die Theorie der Relativität von Raum und Zeit vor, die das bisherige Weltbild umstürzte.
108,6 **Mithras:** indo-iranische Lichtgottheit.
108,7 **Krischna:** indischer Gottkönig, Verkörperung von Vischnu.
111,32 **Freinacht:** (schweiz.) Nacht ohne Polizeistunde.
112,22 f. **Kamelie:** Blume, Symbol für eine Halbweltdame.
114,18 **Shimmy:** eine Art Foxtrott.
115,6 f. **Onestep:** Gesellschaftstanz.
122,27 **Matthisson:** Friedrich von Matthisson (1761–1831), populärer Schriftsteller der Goethezeit.
122,28 **Bürger:** Gottfried August Bürger (1747–94), Dichter des Sturm und Drang, seine Lieder an Molly bedichten seine Geliebte und spätere zweite Frau.
123,13 **Vulpius:** Christiane Vulpius (1765–1816), Goethes langjährige Geliebte und spätere Frau.
124,5 »**Dämmrung senkte sich von oben**«: Anfangszeile des achten Gedichts aus Goethes Zyklus *Chinesisch-Deutsche Jahres- und Tageszeiten*.
125,5 **Kleist […] Beethoven:** Wie viele andere große Künstler hat Goethe Heinrich von Kleist (1777–1811) und Ludwig van Beethoven (1770–1827) in ihrer Einzigartigkeit und Andersartigkeit nicht verstanden.
125,9 **den Augenblick zu verewigen:** Anspielung auf Goethes *Faust* I, 1699 ff.: »Werd ich zum Augenblicke sagen: / Verweile doch! du bist so schön! / Dann magst du mich in Fesseln schlagen, / Dann will ich gern zugrunde gehn!«
126,29 f. **Mozarts »Veilchen« […] Schuberts »Füllest wieder Busch und Tal«:** Zwei Gedichte Goethes, von Mozart 1789 und Schubert um 1815 vertont.
131,1 **den Stefan, den heiligen Franz:** der heilige Stepha-

nus, einer der ersten Märtyrer; Franz von Assisi (1182–1226), Gründer des zu Armut verpflichteten Franziskanerordens.

131,21 **aparte:** ausgefallene.
132,7 **Garibaldi:** Giuseppe Garibaldi (1807–1992), italienischer Freiheitskämpfer.
135,15 **König Salomo:** biblischer König (um 965–926 v. u. Z.).
135,16 **Walther von der Vogelweide:** mittelalterlicher Dichter (um 1170–1230).
138,3 **Schuhnesteln:** Schuhbänder, Schnürsenkel.
139,19 **Boston:** amerikanischer Gesellschaftstanz.
143,6 f. **hermaphroditischer Magie:** ein Hermaphrodit hat die sexuellen Merkmale beider Geschlechter.
145,24 **verlorener Sohn:** Anspielung auf Lukas 15,11–32.
146,30 **Baudelaire:** Charles Baudelaire (1821–67), französischer Lyriker.
156,19 **repetierte:** wiederholte.
157,24 **Kokotten:** Halbweltdamen.
160,7 **Caballero:** (span.) Herr.
160,20 **Kreolenaugen:** Kreolen (von span. *criollo*) sind Nachkommen europäischer Einwanderer in Südamerika und auf den Westindischen Inseln.
168,4 **Taler:** alte Silbermünzenwährung.
169,10 **Beau:** (frz.) schöner Mann.
171,17 **Matthäuspassion:** von Johann Sebastian Bach (1685–1750) vertonte Leidensgeschichte Jesu nach dem Matthäusevangelium.
171,20 **Yearning:** amerikanischer Modetanz.
171,20 f. **Valencia:** Modetanz.
173,29 **Netzgewölbe:** Gewölbe, dessen Rippen eine Netzform bilden.

5. WORT- UND SACHERLÄUTERUNGEN 53

173,31 **Buxtehude, Pachelbel:** Dietrich Buxtehude (1637–1707), Johann Pachelbel (1653–1706), Barockmusiker und -komponisten.

174,7 f. **Chor der Kirche:** hier: der Teil einer Kirche, der das Hauptschiff abschließt.

174,29 **Logos:** (griech.) Wort, später auch als »Vernunft« oder »Sinn« übersetzt.

175,3 **frondiert:** Widerspruch erhoben.

179,13 **Hamsun:** Knut Hamsun (1859–1952), norwegischer Schriftsteller.

179,29 **Liszt, Wagner:** Franz Liszt (1811–86), Richard Wagner (1813–86), Komponisten der Spätromantik; Wagners Oper *Tristan* (180,2) wurde 1859 uraufgeführt.

180,3 **Neunten Symphonie:** von Ludwig van Beethoven (1823).

181,13 **Eros:** griechischer Gott der Liebe.

184,3 f. **Tschaikowsky:** Peter Tschaikowsky (1840–93), russischer Komponist.

185,28 f. **Herrenreiter:** aus dem englischen *gentleman rider*: einer, der nicht berufsmäßig reitet; übertr. für einen, der nicht arbeiten muss; einer, der seine Überlegenheit zur Schau stellt.

193,8 **Tarockspiel:** Schweizer Kartenspiel.

193,21 **Kurtisane:** veraltet für: bessere Prostituierte, Geliebte reicher Männer.

195,13 **Pralinés:** Pralinen.

197,9 **die Gemeinschaft der Heiligen:** Begriff aus dem apostolischen Glaubensbekenntnis.

197,23 f. **Christoffer:** der heilige Christophorus.

197,24 **Philipp von Neri:** Filippo Neri (1515–95), Ordensstifter, italienischer Reformer des Katholizismus.

199,19 **Mozarts »Cassations«:** mehrsätziges Instrumentalwerk; Mozart komponierte 1769 Kassationen in G-Dur (KV 63) und B-Dur (KV 99).

199,19 f. **aus Bachs »Wohltemperiertem Klavier«:** zweiteiliges Musikwerk von Johann Sebastian Bach mit je zwei Präludien und Fugen, die durch alle Dur- und Molltonarten führen.

202,29 **verbotenen Frucht:** Anspielung auf die Bibel, 1. Mose 2 f.

206,28 f. **mitten im Alten Testament:** Anspielung auf den Film *Die Zehn Gebote* (1923) von Cecil B. DeMille.

207,7 **Walt Whitman:** amerikanischer Dichter (1819–92) mit langem weißem Bart.

207,9 **Wotansschritten:** Wotan ist der höchste Gott der nordischen Mythologie; wohl Anspielung auf Wagners Oper *Der Ring des Nibelungen*.

207,24 **Duetts für zwei Bässe von Händel:** aus Georg Friedrich Händels (1685–1759) Oratorium *Israel in Ägypten* (1739).

207,28 **Jehova:** Name des Gottes Israel.

207,31 **das Goldene Kalb:** von Moses' Bruder Aaron gegossenes Götzenbild, dem die Juden huldigten, als Moses auf dem Berg Sinai die Zehn Gebote in Empfang nahm.

215,13 **Zauber von Lesbos:** lesbischer Zauber; Anspielung auf die Insel Lesbos, auf der die Dichterin Sappho (um 600 v. u. Z.) mit ihren Schülerinnen lebte.

216,8 **Unio mystica:** mystische Einheit (mit Gott).

219,1 **Pierrette:** weibliches Gegenstück zum Pierrot, einer französischen Komödienfigur.

220,20 **Primgeiger:** erster Geiger.

228,11 **Gluck:** Christoph Willibald Gluck (1714–87), deutscher Komponist.

Plato: griechischer Philosoph (427–347 v. u. Z.).

5. WORT- UND SACHERLÄUTERUNGEN 55

235,14 **Tat twam asi:** (sanskrit.) Das bist du selbst. Satz aus einer heiligen Schrift, die auf die Einheit allen Lebens verweist.

241,13 **Bolschewiken:** Fraktion der russischen Sozialdemokratie, deren Führer Lenin war; später für die Mitglieder der Kommunistischen Partei.

243,17 **Mutabor:** (lat.) »Ich werde verwandelt werden«. Zauberformel aus dem Märchen *Die Geschichte von Kalif Storch* von Wilhelm Hauff (1802–27).

243,19 **Kamasutram:** indisches Lehrbuch der Liebeskunst.

244,3 **O daß ich tausend Zungen hätte!:** Anfangszeile eines Kirchenlieds von Johann Mentzer (1658–1743).

244,5 **Untergang des Abendlandes:** Titel des Hauptwerks des Philosophen Oswald Spengler (1880–1936).

247,30 **des Prinzen Wunderhorn:** Hier werden zwei Namen zusammengefügt: der Buchtitel: *Des Knaben Wunderhorn* von Clemens Brentano und Achim von Arnim und der Name des Psychiaters Hans Prinzhorn, der 1922 ein Buch zur *Bildnerei der Geisteskranken* veröffentlichte.

248,5 **Popanz:** Schreckgespenst.

251,20 **O Freunde, nicht diese Töne!:** Zeile aus Beethovens Zweiter Symphonie, mit der der Chor zu Schillers *Ode an die Freude* beginnt; außerdem der Titel eines pazifistischen Aufsatzes von Hesse während des Ersten Weltkriegs.

262,20 **Don Giovanni:** Oper Mozarts von 1787.

262,20f. **Leporello:** Diener von Don Juan in Mozarts Oper.

262,28 **Wolf:** Hugo Wolf (1860–1903), deutscher Komponist.

262,29 **Chopin:** Frédéric Chopin (1810–49), polnisch-französischer Komponist.
262,30 **Maestro:** (ital.) Meister; Anrede eines Dirigenten oder Musikers.
263,20 **Brahms:** Johannes Brahms (1833–97), deutscher Komponist.
264,17f. **daß Adam den Apfel gefressen hat:** Anspielung auf 1. Mose 3,6.
265,12 **Äser:** von *Aas*; abwertende Bezeichnung für: gemeine Menschen.
270,27 **Concerto grosso:** das zweite Concerto Grosso von Georg Friedrich Händel, op. 6, 1740.
271,21 **Ritardando:** musikalischer Begriff: langsam zu spielen.
275,5 **Gehröcken:** zweireihig geknöpfte, knielange Jacken für Männer.
276,25 **Berserker:** aus der nordischen Mythologie: blindwütiger Zerstörer.
277,29 **Alexander dem Großen:** makedonischer König (356–323 v. u. Z.), der mit seinem Heer bis Indien vorstieß.

6. Interpretation

Zwei große Themen werden im *Steppenwolf* behandelt: Zum einen kritisiert Hesse ein selbstzufriedenes Bürgertum und die moderne Zivilisation, eine seelenlose Maschinenwelt ohne Wertschätzung für die ewigen, geistigen Werte. Zum anderen erzählt er – auf persönlicher Ebene – von der Heilung eines zerrissenen Individuums. Beide Themen gehören eng zusammen, denn Hallers Leiden beruht auf seinem Doppelleben als Steppenwolf und Bürger. Es ergibt sich ein pessimistisches Bild, weil sich weder gesellschaftlich noch kulturell eine Entwicklung zum Positiven abzeichnet. Hesses Lösung: Nur durch den Humor kann das Individuum und die Gesellschaft genesen. In der Person Harry Hallers, eindeutig Hesses Alter ego, wird die Kritik und das Leiden sehr persönlich und nur in den Traktat-Passagen etwas analytischer vorgetragen.

Zivilisationskritik

Für den traditionsbewussten Harry Haller sind alle technischen und kulturellen Errungenschaften, denen er begegnet, nur Verfallserscheinungen, Zeichen für einen Abstieg aus der Kultur in die Barbarei. Mit heftigen Worten beschreibt er seine Empfindungen: »Ein Friedhof war unsre Kulturwelt, hier waren Jesus Christus und Sokrates, hier waren Mozart und Haydn, waren Dante und Goethe bloß noch erblindete Namen auf rostenden Blechtafeln, umstanden von verlegenen und verlogenen Trauernden, die viel dafür gegeben hätten, wenn sie an die Blechtafeln noch hätten

> Verfallserscheinungen

glauben können, die ihnen einst heilig gewesen waren, [...] und denen statt allem nichts blieb als das verlegen grinsende Herumstehen an einem Grab« (101).

Musik und Literatur

Haller verabscheut die moderne Musik: »Jazz war mir zuwider, aber sie [diese Musik] war mir zehnmal lieber als alle akademische Musik von heute« (49). Mit der akademischen Musik meint er die Wiener Schule, Arnold Schönberg oder Alban Berg. Selbst Gustav Mahler, auch italienische Komponisten wie Verdi oder Puccini, kommen bei ihm nicht vor.

Die ›modernsten‹ Musiker, die Haller erwähnt, sind Hugo Wolf, Chopin, Reger, Liszt, Tschaikowski, Wagner und Brahms. Aber er sieht sie als minder an, die noch zu viele »überflüssige« Noten benutzten und jetzt in einer Art Fegefeuer dafür büßen müssen (263). Die einzigen Musiker, die er gelten lässt, sind vor allem Mozart, aber auch Gluck, Haydn, Händel sowie Johann Sebastian und Friedemann Bach.

Nur klassische Musik wertvoll

Den Jazz sieht er als Symptom einer untergehenden Zeit (»Untergangsmusik«, 49). Er ist »heiß und roh wie der Dampf von rohem Fleisch«, mit einer »frohen rohen Wildheit«, die die Triebe und »eine naive redliche Sinnlichkeit« anspricht. (49) Auch die Jazzmusiker beschreibt er als sinnlich und als dumm. Selbst als er tanzen lernt, sagt er zu Pablo: »Dennoch geht es nicht an, Mozart und den neuesten Foxtrott auf eine Stufe zu stellen« und nennt sie »billige Eintagsmusik« (172).

Auch mit seinem literarischen Geschmack steckt Haller tief in der Vergangenheit. Nach Goethe nimmt er nichts zur Kenntnis, weder Büchner noch Heine oder Fontane oder zeitgenössische Autoren wie Mann oder Musil. Erwähnt werden im Roman neben Goethe vor allem seine Zeitgenossen Jean Paul und Kleist. Goethe wird sogar zu den »Unsterblichen« gerechnet. Alles nach ihm ist nur Zerfall und Nachahmung.

Die einzigen Ausnahmen sind Hamsun, von dem er einmal kurz sagt, dass er von ihm ergriffen wird, und Baudelaire. Aber auch sie fungieren nur als Chiffren, mit denen Haller seine große Belesenheit beweist. Überhaupt scheint das die Hauptfunktion des Name-droppings zu sein. Die Autoren spielen keine große Rolle. Er scheint sie alle zu kennen, aber einen persönlichen Zugang hat er zu ihnen nicht. Sie sind nur Bildungsballast.

Massenphänomene

Vor allem die Massenphänomene verabschiedet Haller. Alles, was vielen zugänglich ist, kann er nicht leiden: »Immer ist es so gewesen und wird immer so sein, daß die Zeit und die Welt, das Geld und die Macht den Kleinen und Flachen gehört, und den andern, den eigentlichen Menschen, gehört nichts« (196) außer der Ewigkeit, sagt Hermine einmal in seinem Sinne. Es geht Haller nicht um Demokratie und Teilhabe aller Menschen an der Kultur, ihm geht es um eine Elite des Geistes, zu der er natürlich gehört.

Die Kultur der Moderne ist für ihn Untergangskultur: »Untergangsmusik war es [...]. Natürlich war sie [...] eine Schweinerei – aber das war all unsre Kunst, all unser Denken, all unsre Scheinkultur, sobald man sie mit wirklicher Kultur verglich« (49 f.).

Untergangskultur

Im Lauf des Romans ändert sich diese Einstellung etwas: Am Schluss schätzt Haller immerhin das Eintauchen in die

Masse und hat gelernt, dass diese Musik auch ein orgiastisches Vergnügen bereiten kann. Aber immer noch hat er nicht gelernt, sie zu akzeptieren, wenn er sie schon nicht mag. Alles, was für ihn eine Tür zu den Unsterblichen öffnet, ist für ihn gut, alles andere nur verachtenswert.

Kino

Auch vom Film, der großen Massenunterhaltung der Weimarer Zeit, redet Haller verächtlich. Einmal geht er zum Zeitvertreib in ein Kino: »Der Film war einer von jenen, welche angeblich nicht des Geldverdienens wegen, sondern um edler und heiliger Ziele willen mit großem Aufwand und Raffinement hergestellt worden sind und zu welchem am Nachmittag sogar Schüler von ihren Religionslehrern geführt wurden« (206 f.). Haller redet abwertend und sogar sarkastisch von dieser neuen Kunstform, die nicht nur die Massen begeisterte und in der (u. a. von Ernst Lubitsch) große Meisterwerke geschaffen wurden. Seinen Kinobesuch schließt er mit den Worten: Ein »hübsches kleines Einzelbild aus dem riesigen Ramsch und Kulturausverkauf dieser Zeit« (208).

> Ramsch

Technik

Dabei nimmt Haller durchaus moderne Denkweisen wahr, weiß, dass Albert Einstein eine »Erschütterung der bisherigen Denkgrundlagen« (103) verursacht hat und bemitleidet den Professor, der dies nicht zur Kenntnis nehmen will. Aber das spielt nur auf der intellektuellen Ebene, der Ebene der geistigen Menschen, der Denker. Nicht das moderne Denken, sondern vor allem die technischen Errungenschaften sind Haller ein Greuel. Obwohl er sie sicherlich auch genießt, verabscheut er sie. Vor allem auf kulturellem Gebiet: Als ausgerechnet Mozart, einer der »Unsterblichen«, ein Radio einschaltet, um ein Konzert von Händel zu hören, ist er entsetzt. Für Haller ist es unfassbar, dass »Sie diesen scheußlichen Apparat auf uns loslassen, den Triumph unsrer Zeit, ihre letzte siegreiche Waffe im Vernichtungskampf gegen die Kunst« (271).

Technische Errungenschaften

Während in der Weimarer Zeit die Technik und die Reproduzierbarkeit der Kunst neue Kunstformen aufkommen lässt, ist für Haller all das nur eine Waffe gegen die wahre Kunst, die für ihn die alte ist. Erwähnt werden deshalb auch nur alte Kunstwerke: Michelangelos »Nacht« (18), »Giottosche Engelscharen« oder die aus dem 9. Jahrhundert stammende buddhistische Tempelanlage Borobudur (46). Neue Kunst kommt gar nicht vor. Haller vertritt damit eine extrem konservative Position in der Kunst.

Nur alte Kunst von Wert

Krieg mit der Technik

In der Episode »Hochjagd auf Automobile« wird die Kritik an der modernen Technik auf die Spitze getrieben. Es herrscht ein Krieg der Menschen gegen die Maschinen. In bösen Worten beschreibt Haller die Welt, in die er gerät: »Auf den Straßen jagten Automobile, zum Teil gepanzerte, und machten Jagd auf die Fußgänger, überfuhren sie zu Brei, drückten sie an den Mauern der Häuser zuschanden. [...] Überall lagen Tote und Zerfetzte herum, überall auch zerschmissene, verbogene, halbverbrannte Automobile, über dem wüsten Durcheinander kreisten Flugzeuge, und auch auf sie wurde von vielen Dächern und Fenstern aus mit Büchsen und mit Maschinengewehren geschossen« (230). Auf Plakaten werden »die fetten, schöngekleideten, duftenden Reichen, die mit Hilfe der Maschinen das Fett aus den andern pressten, samt ihren großen, hustenden, böse knurrenden, teuflisch schnurrenden Automobilen« mit der schönen Natur kontrastiert. Die Natur erscheint als ein Bereich des Guten und Schönen, während die Technik das Böse schlechthin ist.

Technik: das Böse schlechthin

Dass dabei sich auch die Technikhasser der Technik bedienen, nämlich moderner Waffen, ist ein Paradox, dessen sich Haller bewusst ist. Aber es geht ihm hier nicht um eine ausgefeilte Zivilisationskritik, sondern um einen lustvollen Hass, um den Spaß am Zerstören der bürgerlichen Symbole. Fast kann man sogar an moderne Terroristen denken, die oft auch nur noch von der Lust am Zerstören getragen werden. Im magischen Theater ist die Zerstörung natürlich nur ein Spiel, ein Ausleben der dunklen Seite der Psyche.

In der Literatur vor dem Zweiten Weltkrieg gibt es viele Anklänge an den Hass auf die Maschinen. Nach den Romantikern wie Tieck oder später Heine, die schon vor den Gefahren der Technik warnten, waren vor allem Oswald Spenglers *Untergang des Abendlandes* und Ernst Tollers *Die Maschinenstürmer* viel gelesene Bücher der Zeit.

Die Eigentlichen und die Anspruchslosen

All diese Zivilisationskritik, die Haller unsystematisch und gefühlsmäßig vorträgt, mündet in einen Seufzer Hermines: Wir »Menschen alle, wir Anspruchsvolleren, wir mit der Sehnsucht, mit der Dimension zuviel, könnten gar nicht leben, wenn es nicht außer der Luft dieser Welt auch noch eine andre Luft zu atmen gäbe, wenn nicht außer der Zeit auch noch die Ewigkeit bestünde, und die ist das Reich des Echten« (196). Damit nimmt Haller eine andere Zweiteilung vor als die in Steppenwolf und Bürger. Nach dieser Theorie gibt es die Anspruchsvollen und Eigentlichen auf der einen Seite und die Anspruchlosen und Massenmenschen auf der anderen. Und diese haben die Macht und das Geld: »Immer ist es so gewesen und wird immer so sein, daß die Zeit und die Welt, das Geld und die Macht den Kleinen und Flachen gehört, und den andern, den eigentlichen Menschen, gehört nichts« (196).

Zweiteilung

Mehrfach charakterisiert Haller diese elitären Menschen, am deutlichsten vor seinem Besuch bei dem Professor: So, »wie ich jetzt mich anziehe und ausgehe, den Professor besuche und mehr oder weniger erlogene Artigkeiten mit ihm austausche, alles ohne es eigentlich zu wollen, so tun und leben und handeln die meisten Menschen Tag für Tag, Stunde um Stunde zwanghaft und ohne es eigentlich zu wollen« (102). Der größte Unterschied zwischen ihm und den »normalen Menschen« ist seine Reflexionsfähigkeit: Er denkt über sich nach und stellt sich in Frage, während die anderen »ihre Spielchen spielen und ihren Wichtigkeiten nachlaufen, statt sich gegen die betrübende Mechanik zu wehren« (102).

Elitäres Menschenkonzept

Was Haller bedrückt, ist, dass so wenige Menschen nach der »wahren Kultur« und dem »wahren Leben« streben, dass er sich dabei so allein, ja ausgestoßen fühlt. Es ist ein sehr elitäres Menschenkonzept, das Haller in seinen Aufzeichnungen vorträgt. In seinem Roman *Das Glasperlenspiel*, aber auch in *Siddhartha*, *Narziß und Goldmund* oder *Die Morgenlandfahrt*, stellt Hesse ähnliche Konzepte vor: Neben den Massen gibt es immer eine Elite. Auch wenn die Elitemenschen den Normalen helfen, ja sogar dienen sollen, sind sie von ihnen abgesondert. Und daran leidet auch Harry Haller.

Allerdings charakterisiert er weder die gemeine Welt noch die geistige Gegenwelt konkret. Er bleibt durchaus sehr vage und nennt nur einige Namen, die das Geistige personifizieren: die »Unsterblichen« wie Goethe und Mozart. Damit schließt er wieder an den bürgerlichen Bildungskanon an, den er doch eigentlich verabscheut.

Krieg

Auch in politischer Hinsicht unterscheidet sich Haller von den normalen Menschen. Nach dem Ersten Weltkrieg steuert die Menschheit auf den nächsten zu. Vor allem die Zeitungen sind daran schuld: »Zwei Drittel von meinen Landsleuten lesen diese Art von Zeitungen, lesen jeden Morgen und Abend diese Töne, werden jeden Tag bearbeitet, ermahnt, verhetzt, unzufrieden und böse gemacht, und das Ziel und Ende von dem allem ist wieder der Krieg« (152). Alle wissen es und unternehmen doch nichts dagegen. Stattdessen wird Haller in konservativen und reaktionären Zeitungen angegriffen, und sogar alte Bekannte wie der Professor stimmen der Hetze gegen ihn zu. Nur wenige reflektieren ihre eigene Rolle im letzten Krieg: Jeder »Mensch könnte es begreifen, könnte in einer einzigen Stunde Nachdenkens dasselbe Ergebnis finden. Aber keiner will das, keiner will den nächsten Krieg vermeiden, keiner will sich und seinen Kindern die nächste Millionenschlächterei ersparen« (152).

> Hetze

Für Haller ist es unbegreiflich, wie man sich so unmenschlich verhalten kann. Aber er weiß keinen Ausweg. Er ist hilflos und merkt, dass seine Bemühungen nur den Effekt haben, die Gegenseite zu Hasstiraden anzustacheln. Auch Hermine stimmt ihm zu: »Natürlich wird es wieder Krieg geben, man braucht keine Zeitungen zu lesen, um das zu wissen« (153). Und der Kampf gegen den Krieg sei zwar eine »schöne, edle, wunderbare und ehrwürdige Sache«, aber doch auch eine »hoffnungslose Donquichotterie« (153). Ein Sieg sei nicht zu erwarten.

So fügt sich das Gefühl der Hoffnungslosigkeit zu der allgemeinen Depression Hallers und verstärkt sie: Gesellschaftlich wie kulturell ist keine Lösung zu erwarten, sondern nur der Abstieg in die Barbarei. Und so kam es ja auch, nur einige Jahre nach dem Erscheinen des *Steppenwolf*. Insofern hat sich Hermann Hesse als sensibler und aufmerksamer Beobachter seiner Zeit erwiesen.

Persönlichkeitsentwicklung

Der zweite große thematische Bereich des *Steppenwolf*, neben der Gesellschaftskritik, ist das Nachzeichnen einer Persönlichkeitsentwicklung, der psychischen Heilung eines verstörten Mannes. Haller ist ein Mann, der in einer tiefen Krise steckt, die auch die der damaligen Gesellschaft ist, eine Krankheit der Zeit. Aber Haller erlebt sie als individuelle, persönliche Krise. Im Lauf des Romans beschreitet er einen Weg zur Heilung, der zwar mit dem Ende des *Steppenwolf* nicht abgeschlossen ist, aber doch eine positive Wendung erfährt, die Haller in den Schlusssätzen ausspricht: »Einmal würde ich das Figuren-

> Tiefe Krise, Weg zur Heilung

spiel besser spielen. Einmal würde ich das Lachen lernen« (278).

Der Weg der Heilung, den Haller hier beschreibt, geht über den Weg der Ich-Findung. Es ist ein psychologischer, fast psychoanalytischer Weg, den Hesse selbst gegangen ist und in vielen Romanen und Erzählungen beschrieben oder anklingen lässt, am deutlichsten wohl in *Demian*.

Man kann diese Entwicklung als »leben lernen« zusammenfassen. Haller öffnet sich allen Impulsen des Lebens, es »drang von allen Seiten Neues, Gefürchtetes, Auflösendes in mein bisher so scharf umrissenes und so streng abgeschlossenes Leben« (166). Sein enges Ich weitet sich, er erfährt, dass sogar die Rührung Marias über einen amerikanischen Song etwas Wertvolles sein kann, nicht nur ein Zeichen für den Verfall der Kultur.

> Leben lernen

Haller hatte unter einer schlechten Gesundheit, unter mangelnder Liebe, dem Unverständnis seiner Umwelt gelitten und unter dem Eindruck, dass zwei Wesen in ihm wohnen, der Bürger und der Steppenwolf. Zwei Wesen, die sich nicht miteinander vertragen, sondern sich bekämpfen. Der einzige Ausweg, den er sah, war der Selbstmord.

Selbstmord

Der Selbstmord wird in vielen Werken Hesses immer wieder als Ausweg aus einer leidvollen Lebenssituation geschildert. In *Klein und Wagner*, *Unterm Rad* oder *Das Glasperlenspiel* sterben die Helden durch Selbstmord oder etwas, das ihm sehr ähnlich sieht. Der Selbstmord wird nicht moralisch betrachtet oder abgewertet,

> Möglichkeit, dem Leiden zu entgehen

er wird nicht theologisch beurteilt, sondern einfach nur als Möglichkeit gesehen, dem Leiden zu entgehen.

Für Haller bietet der Selbstmord sogar die Möglichkeit, das Leiden bis zu einem bestimmten Punkt auszuhalten, indem er beschließt, sich an seinem fünfzigsten Geburtstag umzubringen. Aus diesem Entschluss erwächst für Haller die Kraft weiterzuleben, allen Demütigungen und Schmerzen standzuhalten, weil er weiß, dass er sie bald beenden wird.

Liebe und Sex

Sex spielt im *Steppenwolf* eine große, wenn auch unterschwellige Rolle. Früh wird betont, dass es mit Hallers Liebesleben nicht zum Besten steht. Er ist ein einsamer Mann, allein in einer fremden Stadt. Später wird gesagt, dass er zwar eine Geliebte hat, aber sie wohnt an einem anderen Ort, und er versteht sich nicht mehr besonders gut mit ihr.

Erst als er Hermine trifft, beginnt er auch die sinnliche Seite des Lebens neu zu entdecken. Willig lässt er sich mit Maria verkuppeln, quasi der körperliche Ersatz für Hermine. Hermine ist nicht eifersüchtig, sondern achtet darauf, dass Harry sich auch sexuell betätigt.

Die Sexualität führt ihn sogar zu einem fast göttlichen Erlebnis, einmal erlebt er, wie »mein eigenes Leben mich mit den unerbittlich strahlenden Augen anblickte, wo ich den Zufall wieder als Schicksal, das Trümmerfeld meines Daseins wieder als göttliches Fragment entdeckte« (182 f.). Und Marias liebevolle Art reißt »breite Breschen in meine Ästhetik« (179).

Göttliches Erlebnis

Hier zeigt sich wieder, wie sehr Haller sich abgeschlossen hat, wie sehr er bestimmte Anteile seiner Persönlichkeit verdrängt hat und wie viel er durch die neu entdeckte Sinnlichkeit über sich lernt.

Im Magischen Theater erlebt Haller seine früheren Liebesgeschichten noch einmal, auch die unglücklichen. Er spürt, dass sein vergangenes Liebesleben falsch gewesen ist und kann noch einmal die glückliche Variante erleben: »Jede wurde mein, jede auf ihre Art« (258).

Der Sex und auch der Tanz befreien Haller von der Illusion, dass er nur ein Geistesmensch ist. Im Magischen Theater staunt er, »wie reich mein Leben […] an Verliebtheiten, an Gelegenheiten, an Lockungen gewesen war« (259).

Wie häufig bei Hesse ist die Sinnlichkeit nicht ohne homosexuelle Untertöne. Hermine verwandelt sich manchmal fast in einen Jungen, und beim Maskenball verführt sie die Frauen einmal als Frau, einmal als Mann. Auch Pablo ist bisexuell. Zwar lehnt Harry Sex mit ihm und Maria ab, lässt sich aber von ihm küssen. Im Magischen Theater dagegen gibt es eine Figur von Harrys Wesen, die mit Pablo davoneilt. Es gibt also, so zeigt der Roman an dieser Stelle, auch homoerotische Anteile in Haller.

Homosexuelle Untertöne

Vielschichtigkeit des Menschen

Am meisten leidet Haller unter der Gespaltenheit seiner Person in zwei Wesen, den bürgerlichen Menschen und den Steppenwolf.

Dieses Thema zieht sich in vielen Variationen durch den Roman. Schon im Vorwort wird der Ausdruck »Steppenwolf« benutzt. In einer eindringlichen Szene beschreibt der Neffe, wie Haller ihm von seiner Sehnsucht nach Bürgerlichkeit erzählt: »Ich weiß nicht, wer da wohnt, aber es muß hinter

6. INTERPRETATION

dieser Glastür ein Paradies von Reinlichkeit und abgestaubter Bürgerlichkeit wohnen, von Ordnung und ängstlich-rührender Hingabe an kleine Gewohnheiten und Pflichten« (22). Eine Sehnsucht, von der häufig die Rede ist. Deswegen wohnt Haller auch immer in bürgerlichen Häusern. Er ist sich über seine Situation im Klaren, merkt, dass er auch Sicherheit sucht, zwar gegen den Krieg protestiert, aber Wertpapiere auf der Bank hat, dass er am liebsten ein gutsituierter Privatgelehrter wäre, der mit dem richtigen Leben nichts zu tun hat.

> Sehnsucht nach Sicherheit

Dem steht der Steppenwolf entgegen, der sehr häufig als Bild gezeichnet wird. Da sieht man einen Wolf, der gerührt grinst, »im trocknen Schlunde lief ihm der Geifer zusammen, Sentimentalität bog ihm wider seinen Willen den Rücken« (98). In Hallers Gedicht »Ich Steppenwolf trabe und trabe« werden seine Freuden beschrieben, der sich tief in »zärtlichen Keulen« hineinfrisst und genüsslich das Blut trinkt (87).

Zu einem vorläufigen Schluss kommt Haller im Gespräch mit Hermine: Da geht ihm auf, dass er nur bestimmte Seiten seiner Persönlichkeit akzeptiert hat, die bürgerlichen, die gelehrten und braven, alles andere war nichts wert, und vieles davon hat er »als lästig empfunden und mit dem Namen Steppenwolf belegt« (166).

> Nur bestimmte Seiten seiner Persönlichkeit akzeptiert

Der Traktat

Zu Hallers Selbstanalyse und der Betrachtung von außen durch den Neffen der Vermieterin tritt im Traktat noch eine weitere Ebene dazu, eine Analyse einer übergeordneten Instanz.

70 6. INTERPRETATION

Der Traktat erzählt direkt von ihm. Er beschreibt, auf der Grundlage des philosophischen Dualismus, eine Natur-Geist- oder Leib-Seele-Spaltung, wie sie der Protestantismus unter dem Begriff »Mischwesen« kennt und moralisch als Gut-Böse-Problem wertet. Er beschreibt Haller unter diesem Vorzeichen ziemlich genau, vor allem sein Leiden an den zwei Naturen, die »in ständiger Todfeindschaft« (55) miteinander leben. Die Gespaltenheit entfremdet ihn von sich und den anderen, und er empfindet sich als Sonderling, im Positiven oder Negativen. Der Traktat zeigt den einzigen Ausweg: Die Konfrontation mit sich selbst. Er müsste »einmal sich selbst gegenübergestellt werden, müßte tief in das Chaos der eigenen Seele blicken und zum vollen Bewußtsein seiner selbst kommen« (73). Dann würde er seine fragwürdige Existenz begreifen und sich mit Wolf und Mensch versöhnen oder endgültig untergehen.

Philosophischer Dualismus

Konfrontation mit sich selbst

Aber der Traktat stellt auch klar, dass die Zweiteilung eine grob vereinfachende Fiktion ist. Sein Leben »schwingt zwischen Tausenden, zwischen unzählbaren Polpaaren« (76). Das Ich ist keine Einheit, sondern eine vielfältige Welt, ein »Chaos von Formen, von Stufen und Zuständen« (77). Damit wird die westliche Philosophie verlassen und die indische Philosophie und buddhistische Psychologie bemüht, nach der der Mensch aus veränderlichen Einzelaspekten besteht, nicht aus einer festen und bleibenden Persönlichkeit.

Bildhaft spaltet sich Haller vor dem Spiegel im Magischen Kabinett in viele Gestalten auf, denn »fiel er auseinander, löste sich eine zweite Figur von ihm ab, eine dritte, eine zehnte, eine zwanzigste, und der ganze Riesenspiegel war voll von lauter Harrys oder Harry-Stücken, zahllosen Harrys [...]. Einige von diesen viele Harrys waren so alt wie ich, einige älter, einige uralt, andere ganz jung [...], dreißigjährige und fünfzigjährige, ernste und lustige, würdige und komische, gutgekleidete und zerlumpte und auch ganz nackte, haarlose und langlockige, und alle waren ich« (229). Diese Teilaspekte laufen als eigenständige Menschen durch das Kabinett, jeder von ihnen verkörpert einen verleugneten, abgespaltenen Teil seiner Persönlichkeit. Einer der jungen stürzt sich sofort durch die Tür »Alle Mädchen sind dein«: Das ist der Sexgierige. Ein anderer geht mit Pablo fort, das ist der Homosexuelle. Einige kann Harry selbst spielen, z. B. den Terroristen gegen die Maschinenwelt. Andere kann er zunächst nur betrachten, wie den Dresseur.

Teilaspekte

Im Roman wird diese Spaltung auch durch andere Akteure personifiziert: seine weibliche, androgyne Seite ist Hermine, eine andere der Neffe, der Professor, der homosexuelle Pablo.

Die Psychoanalyse von C. G. Jung

Auch die psychoanalytische Theorie nach C. G. Jung, bei dessen Schüler G. B. Lang Hesse eine Psychoanalyse machte, kennt diese Spaltung. In ihr heißt der verleugnete Anteil »Schatten«. Der Schatten wächst parallel mit dem Ich, wie ein Spiegelbild, und setzt sich zusammen aus verdrängten und wenig oder gar nicht ausgelebten psychischen Zügen des Menschen. Freud spricht von verdrängten Inhalten im Unbewussten. Wie bei Harry Haller, der seinen Humor verdrängt hat und jetzt lernen muss, sich zu amüsieren. Der

Der Schatten

Traktat, der die Teilung und die Reintegration erklärt, ist in dieser Hinsicht auch als Einführung in die Jung'sche Psychoanalyse zu verstehen: Nach dieser Theorie steht Hermine für die Anima Hallers, den weiblichen Anteil in der Psyche. Pablo ist uneindeutiger, er ist der Animus oder Logos, der Archetyp des »Alten Weisen« oder Hermes-Figur.

Erst durch eine Aneignung des Schattens kann der Mensch eine vollständige Persönlichkeit entwickeln, kann gesund werden. Jung schreibt dazu: »Der Zweck der Individuation ist nun kein anderer, als das Selbst aus den falschen Hüllen der Persona einerseits und aus der Suggestivgewalt unbewußter Bilder andererseits zu befreien.«² Das ist genau der Weg, den Haller geht. Im Magischen Theater erlebt er einige seiner verdrängten Persönlichkeiten, und er sieht einen Weg der Integration: den Humor.

Assimilation

Humor

Der Humor spielt eine wichtige Rolle im *Steppenwolf*. Nicht der übliche, sondern der Humor der Unsterblichen: »In der Welt zu leben, als sei es nicht die Welt, das Gesetz zu achten und doch über ihm zu stehen, zu besitzen, ›als besäße man nicht‹ [...] – alle diese beliebten und oft formulierten Forderungen einer hohen Weisheit ist einzig der Humor zu verwirklichen fähig« (72). Es ist die »romantische Ironie«, jene Erkenntnis, dass Ideal und Wirklichkeit nicht zueinander kommen können. Diese Heiterkeit der Unsterblichen ist dem Christentum, vor allem Hesses Protestantismus allerdings völlig fremd. Sie kommt aus der indischen Philosophie, in der oft eine ru-

Romantische Ironie

hige Distanz zum Weltlichen gepredigt wird, oder aus den griechischen Mysterien um Dionysos. Auch Nietzsches Humor einer Selbstkritik in *Die Geburt der Tragödie* ist einer der Ahnen von Hesses Humorbegriff.

Das Lachen, das Haller erlebt, ist ihm allerdings noch nicht zugänglich. Sowohl Goethe als auch Mozart benehmen sich nicht würdevoll und ernst, sie lachen ihn aus. Und als letzte Strafe für seinen Mord wird er von einer Gruppe von Unsterblichen ausgelacht, er hört »ein furchtbares, für Menschen kaum erträgliches Lachen des Jenseits« (275 f.). Noch ist Haller nicht so weit.

| Das Lachen |

Die Unsterblichen

Die Unsterblichen sind im *Steppenwolf* die spirituellen Führer. Sie sind das wahre Selbst, der bessere Kern der Persönlichkeit. In vielen Romanen hat Hesse solche Führer vorgestellt: Demian im gleichnamigen Roman, Buddha in *Siddhartha*, der Musikmeister und der chinesische Weise in *Das Glasperlenspiel*, sie alle zeigen dem suchenden Helden eine Möglichkeit, das Leben in Weisheit und mit Humor zu leben.

Im *Steppenwolf* sind Goethe und Mozart allerdings keine freundlichen Herren, sondern unberechenbar, jedenfalls für Haller. So macht sich Goethe über ihn und seine Erwartungen lustig, und Mozart stellt ausgerechnet eines der verhassten Radios an. Mozarts Lachen führt in eine eisige Landschaft, die Haller sogar Angst macht.

| Goethe und Mozart |

Es ist nicht ganz klar, ob nicht auch Pablo, der schöne und etwas dumme Musiker, einer der Unsterblichen ist. Hermine erkennt ihn als Führer an. Immerhin geleitet er Haller in das Magische Theater, er hält ihm den Spiegel vor, Mozart verwandelt sich in ihn.

Das magische Theater

Das magische Theater funktioniert stilistisch fast wie eine Reihe von Kurzfilmen, die wie Stummfilme von Zwischentiteln unterbrochen werden. Keiner dieser Filme hat mit den anderen zu tun, es sind kleine, für sich stehende Episoden.

Das Theater erscheint zwar wie ein wirrer (Opium-)Traum, aber es ist die Spiegelung von Harrys innerem Chaos, dem er bisher willenlos ausgeliefert ist. Die unendliche Vielfalt von Möglichkeiten und verdrängten Persönlichkeiten macht Hesse durch die vielen Türschilder deutlich, die er erwähnt (243 f.). Neben einer aggressiven (Kampf gegen die Automobile) und seiner erotischen Seite sieht Haller auch, dass eine Führung des Ich gelingen kann, dass aber nicht nur eine einzige »bindende, lebenslängliche Ordnung der vielen Unter-Ichs möglich« (246) ist, sondern viele. Ihm ist dies noch nicht möglich, er versagt.

> Spiegelung von Harrys innerem Chaos

Was im Traktat theoretisch ausgesprochen wird, dass die Zweiteilung nur eine Vereinfachung ist, wird im magischen Theater für Haller erlebbar. Es ist wie in einer Therapie- oder Psychoanalysesitzung: In diesem geschützten Raum wird es möglich, oft verdrängte Facetten der Persönlichkeit zu entdecken, die unterdrückten Aggressionen und Sehnsüchte auszuleben und sie zu integrieren.

> Zweiteilung nur eine Vereinfachung

Mystik

In vielen Werken Hesses, in *Siddhartha* und *Das Glasperlenspiel*, werden mystische Erlebnisse beschrieben, in manchen Romanen wird von mystischen Schulungswegen erzählt. Auch im *Steppenwolf* wird ein mystisches Menschenbild propagiert, im Traktat steht, »daß der Mensch vielleicht [...] ein Götterkind und zur Unsterblichkeit bestimmt ist« (59 f.).

> Mensch: Götterkind

Vor allem aus der indischen Mystik hat Hesse den Gedanken aufgegriffen, dass der Mensch nicht ein fest umrissenes Wesen ist, das man genau definieren kann, sondern eine ständig wechselnde Ansammlung von Eigenschaften, die sich nur zufällig in einem Körper zusammengefunden haben. Die buddhistische Abidharma-Psychologie beschreibt dies sehr ausführlich.

In vielen Büchern hat Hesse die Einheit allen Seins beschrieben, wie in *Siddhartha*. Auch im *Steppenwolf* wird diese Einheit als Ziel vorgeschlagen, allerdings erreicht Haller sie (noch) nicht. Im Traktat steht aber: »Statt deine Welt zu verengern, deine Seele zu vereinfachen, wirst du immer mehr Welt, wirst schließlich die ganze Welt in deine schmerzlich erweiterte Seele aufnehmen müssen, um vielleicht einmal zum Ende, zu Ruhe zu kommen. Diesen Weg ist Buddha, ist jeder große Mensch gegangen, der eine wissend, der andere unbewußt [...]. Rückkehr ins All, Aufhebung der leidvollen Individuation, Gottwerden bedeutet: seine Seele so erweitert haben, daß sie das All wieder zu umfassen vermag« (84).

> Rückkehr ins All

7. Autor und Zeit

Einführung

Hermann Hesse ist nicht nur durch sein literarisches Werk berühmt geworden, sondern ebenso durch seine moralische Haltung. Sich selbst zu suchen, den eigenen Weg zu gehen, gegen die Widerstände der Zeit, blieb sein innerer Auftrag. Auch dafür wurde ihm 1946 der Nobelpreis für Literatur zugesprochen, als einer moralisch integer gebliebenen Persönlichkeit.

> Nobelpreis für Literatur

Beeinflusst wurde Hesse durch die Psychoanalyse und durch die indischen Religionen, die er schon in seinem Vaterhaus kennen lernte. Sein Großvater und sein Vater waren Missionare in Indien und beherrschten mehrere, auch indische, Sprachen und kannten die Kultur Indiens. Die Psychoanalyse lernte Hesse durch Bücher und aus eigener Erfahrung kennen, als er sich 1916 einer Behandlung bei Josef Lang unterzog, einem Schüler von C. G. Jung.

In seinem Werk verschmelzen diese Einflüsse mit neuromantischer Dichtung, manche Bücher wie *Siddhartha* und *Das Glasperlenspiel* zeigen den religiösen Einfluss sehr deutlich, andere wie *Demian* und *Der Steppenwolf* den der Psychoanalyse.

Herkunft und Kindheit

Hesse wurde am 2. Juli 1877 in Calw im Nordschwarzwald geboren. Seine Vorfahren waren durch den schwäbischen Pietismus geprägt, sein Großvater mütterlicherseits, Hermann Gundert, war als Missionar nach Indien gegangen und hatte ein Standardwerk über eine indische Sprache verfasst. Auch Hesses Vater Johannes ging als Missionar nach Indien, musste aber aus gesundheitlichen Gründen wieder zurückkehren. In seinem Elternhaus kam Hesse in Kontakt mit vielen Nationalitäten und Religionen, ein multikulturelles Element, das ihn zeitlebens begleiten sollte.

> *Multikulturell*

Hesse ging auf die Calwer Lateinschule und, als Vorbereitung auf ein Theologiestudium, in ein Eliteinternat im Kloster Maulbronn. Er floh aus dem Internat, kam für kurze Zeit in eine Nervenheilanstalt, später zu einem Buchhändler in Esslingen und arbeitete von 1894 bis Mitte September 1895 in der Uhrmacherwerkstatt Perrot in Calw. Von Oktober 1895 an machte er in Tübingen eine Lehre in der Buchhandlung Heckenhauer und begann zu schreiben.

Frühwerk

Hesses erstes Buch erschien 1899: die Gedichtsammlung *Romantische Lieder* in einer Auflage von 600 Stück. Noch im selben Jahr konnte er im jungen Diederichs-Verlag seinen Gedichtband *Eine Stunde hinter Mitternacht* veröffentlichen, der von dem berühmten Rainer Maria Rilke sehr positiv besprochen wurde. Sein erster Roman, *Peter Camenzind*, erschien im angesehenen S. Fischer Verlag, es wurde Hesses erster großer Erfolg. Hesse beschreibt darin einen Bauernsohn, der als Schriftsteller scheitert und zivilisationsmüde in die Idylle seines Heimatorts zurückkehrt. Es ist ein kulturkritisches Buch, das gut in die Zeit der antizivilisatorischen Tendenzen und der Wandervogelbewegung passte.

> *Kulturkritisch*

Hesse konnte nach diesem Erfolg als freier Schriftsteller leben, er heiratete und kaufte sich ein Haus in Gaienhofen am Bodensee. Wenig später erschien der Roman *Unterm Rad*, auch dieses Buch war ein großer Erfolg. Hesse wurde gesuchter Herausgeber und Rezensent, schrieb Erzählungen und Romane, fühlte sich auch angezogen von der Alternativbewegung der Zeit, vegetarischem Leben und Freiluft- und Körperkultur. In seinem Roman *Gertrud* beschreibt Hesse eine Künstlergeschichte um den Komponisten Kuhn und den Sänger Muoth, die beide Gertrud lieben. Literarisch war das Buch eine Wiederholung alter Themen und Formen.

Hesse war knapp 30 Jahre alt, erfolgreich und unzufrieden. 1911 reiste er nach Indien, seine Ehe zerbrach, seine Frau wurde depressiv, später psychotisch. In *Roßhalde* fand Hesse einen Ausdruck für die Brüchigkeit der Beziehungen: Die Ehe des Malers Johann Veraguth ist schon in der Auflösung begriffen, als das gemeinsame Kind Pierre stirbt, und zerbricht dann entgültig. *Knulp* erzählt Stationen aus dem Leben eines Landstreichers, einem an der Umwelt zerbrochenen Mann, der im Grunde vornehm, gebildet und empfindsam ist, aber die Enge der Welt und ihre Verletzungen nicht ausgehalten hat.

> Brüchigkeit der Beziehungen

Neuanfang und zweiter Ruhm

Die große Veränderung für Hesse kam mit dem Ersten Weltkrieg. Die meisten Deutschen waren kriegsbegeistert, auch Hesse meldete sich freiwillig, wurde aber wegen seiner Kurzsichtigkeit nicht genommen. Er begriff schnell, wie grausam der Krieg ist, auch wenn er ihn zunächst als Erlösung

> »Kapitalistenfrieden«

Hermann Hesse
um 1927, zur Zeit der Entstehung des *Steppenwolf*

aus dem »blöden Kapitalistenfrieden« begrüßte. Am 3. November veröffentlichte die *Neue Zürcher Zeitung* seinen Aufsatz *Freunde, nicht diese Töne*, in dem er den Verfall der humanistischen Werte beklagte, wenn er auch sein Verständnis dafür ausdrückte, dass man sich nach Heldentum und ›Reinigung‹ sehnte.

Von dieser zwiespältigen Haltung ist auch Hesses Roman *Demian* geprägt, den er während des Krieges schrieb. Der junge Emil Sinclair begegnet in der Schule dem geheimnisvollen Max Demian, der einem religiös-geistigen Kreis angehört, in dem die geistige Wiedergeburt des Einzelnen und die Erneuerung der Gesellschaft angestrebt wird. In mystischen und psychoanalytischen Gesprächen und Erlebnissen, durch antibürgerliche Aktionen sollen Eigenständigkeit und Unabhängigkeit des Denkens erreicht werden, gegen eine Gesellschaft, die zerbrechen muss. *Demian* erschien zunächst unter dem Pseudonym Emil Sinclair.

> Geistige Wiedergeburt des Einzelnen

In *Klingsors letzter Sommer* beschreibt Hesse einen expressionistischen Maler, der in ekstatischen Augenblicken seine Erfüllung findet, in *Siddhartha* ist sein Held ein indischer Jüngling, der nach Übungen in Askese und Yoga und nach einem Treffen mit dem Buddha seinen eigenen Weg geht, bei einer Kurtisane die Liebeskunst lernt und am Schluss als Fährmann die mystische Einheit gefunden hat.

> Askese und Yoga

Hesses bekanntester Roman *Der Steppenwolf* war für viele Hesse-Leser ein Schock, hier war nicht mehr der romantische Schriftsteller zu finden, sondern ein Großstadtautor, der mit dem Selbstmord kokettierte und sich an so ›niederen‹ Vergnügungen wie Sex, Drogen und Jazz freute.

In *Narziß und Goldmund* erzählt Hesse von zwei Freunden im Mittelalter, dem gelehrten Mönch Narziß, der zum Abt aufsteigt, und dem Künstler und Liebhaber vieler Frauen Goldmund, und schildert zwei unterschiedliche Lebenswege. Auch hier ist der Außenseiter, der keine öffentlichen Erfolge vorzuweisen hat, ehrlicher zu sich als der Angepasste, der Karriere macht, aber innerlich unerfüllt bleibt.

> Mittelalter

Spätwerk

In einem kleineren Werk, *Die Morgenlandfahrt*, einer Vorstufe zu Hesses letztem großen Roman, schildert er eine spirituelle Reise. Neben Freunden und Bekannten des Erzählers H. H. sind auch Personen wie die Dichter Brentano und Novalis und religiöse Lehrer wie Lao Tse Teilnehmer der Reise. Den Höhepunkt bildet die »Bundesfeier« im schweizerischen Schloss Bremgarten, danach verschwindet der Diener Leo mit den wichtigen »Bundespapieren«. H. H. macht sich auf die Suche nach ihm. Nach einer langen Reise und einer Gerichtsverhandlung wegen seiner Verfehlungen erkennt H. H., dass er und Leo dieselbe Person sind und sein Suchen richtig war.

> Vorstufe zum Glasperlenspiel

Von 1930 bis 1942 schrieb Hesse an seinem letzten Roman. *Das Glasperlenspiel* kam in zwei Bänden 1943 in der Schweiz heraus, in Deutschland waren die meisten Werke Hesses, der schon früh vor der Diktatur der Nazis gewarnt hatte, seit 1938 unerwünscht.

Als Gegenentwurf zum Faschismus erfand Hesse die pädagogische Provinz Kastalien, wo hochbegabte Knaben in den Künsten,

> Pädagogische Provinz

der Musik und der Mystik ausgebildet werden. Von der Welt streng abgeschieden, kann jeder sich und seine esoterischen Forschungen verwirklichen – einer lebt als chinesischer Weiser in einem Bambushain. Der musikalisch begabte Josef Knecht wächst dort auf und wird später Meister des Glasperlenspiels, eines meditativen Weihespiels, in dem eine mystische Einheit aller Disziplinen angestrebt wird. Später gibt er sein Amt auf, dessen vollendete Einseitigkeit ihm nicht mehr genügt: Er will als Privatlehrer den Sohn seines ehemaligen Schulfreundes Plinio Designori unterrichten. Bei einem gemeinsamen Ausflug ertrinkt Knecht in einem Bergsee, seine Leiche wird nicht gefunden. Plinios Sohn Tito, zuvor trotzig und abwehrend, spürt durch den Tod des Lehrers den geistigen Auftrag, dessen Weg der Aufrichtigkeit weiterzugehen.

Das Buch erregte nach dem Zweiten Weltkrieg in Deutschland großes Aufsehen und wurde sogar Pflichtlektüre an den Schulen. Als Alternative zur Oberflächlichkeit der Zeit ist eine Eliteeinrichtung der Geistigkeit ein Faszinosum geblieben. Ebenso die Figur des Joseph Knecht, der die alte Sphäre verlässt, die er bis zum Äußersten ausgefüllt hat, um sich einer neuen zuzuwenden.

Nachruhm

Während Hesse zurückgezogen im kleinen Dorf Montagnola im Tessin lebte, wurde er als Weltgewissen angesehen, 1946 erhielt er den Nobelpreis für Literatur und den Goethepreis der Stadt Frankfurt, 1955 den Friedenspreis des Deutschen Buchhandels. 1962 starb er in Montagnola.
Noch in den fünfziger Jahren wurde Hesse von einem kon-

servativen Publikum gerne gelesen, aber erst die Begeisterung der US-amerikanischen Jugendbewegung ab Mitte der sechziger Jahre ließ ihn wieder zu einem Vorbild der Jugend werden. Vor allem sein Pazifismus und seine Rezeption ostasiatischer Spiritualität stießen auf eine Leserschaft, die einen verwandten Geist spürte, eine Rockmusikband nannte sich sogar »Steppenwolf«. Mittlerweile ist Hesse der weltweit am meisten gelesene deutsche Autor des 20. Jahrhunderts.

Jugendbewegung

Einordnung in die Literaturgeschichte

Hesses Werk ist nicht eindeutig einer bestimmten literaturgeschichtlichen Epoche zuzuordnen, zumal er sich auch selbstbewusst einer Einordnung entzog, einmal mehr dem Expressionismus, einmal mehr der Neuen Sachlichkeit zuneigte. Sein Frühwerk steht in engem Zusammenhang mit dem literarischen Impressionismus eines Hofmannsthal und Rilke. Für diese Strömung bürgerte sich der Begriff Neuromantik ein, der den Rückgriff auf romantische Stoffe, Motive und stilistische Eigenheiten benennt. Vor allem die Rolle der Natur als Gegenpart zu einer sinnentleerten, technisch geprägten Zivilisation und die symbolisch aufgeladenen Beschreibungen lassen den Begriff als sehr passend erscheinen. Auch in späteren Werken Hesses ist die Anbindung an die literarische Romantik noch gut erkennbar.

Neuromantik

Werktabelle

Frühwerke

1899 *Romantische Lieder*. Gedichte.
1899 *Eine Stunde hinter Mitternacht*. Gedichte.
1901 *Hinterlassene Schriften und Gedichte von Hermann Lauscher.*
1904 *Peter Camenzind.*
1906 *Unterm Rad.*
1910 *Gertrud.*
1914 *Roßhalde.*
1915 *Knulp.*
1915 *Musik des Einsamen*. Gedichte.

Werke der mittleren Zeit

1919 *Demian* (unter dem Pseudonym Emil Sinclair).
1920 *Klingsors letzter Sommer.*
1922 *Siddhartha.*
1927 *Der Steppenwolf.*
1929 *Eine Bibliothek der Weltliteratur*. Rezensionen.
1930 *Narziß und Goldmund.*

Spätwerke

1932 *Die Morgenlandfahrt.*
1943 *Das Glasperlenspiel.*

Werkausgaben

1957 *Gesammelte Schriften*, 7 Bände.
1973 *Gesammelte Briefe*, 4 Bände.
1982 *Gesammelte Erzählungen*, 6 Bände.
1987 *Werkausgabe*, 12 Taschenbuchbände.
ab 2001 *Sämtliche Werke*, 20 Bände.

8. Rezeption

Bei Hesses Wiederentdeckung in den sechziger Jahren spielte die gesellschaftliche Kritik ebenso wie die Betonung der eigenen Individualität, die sich gegen Autoritäten durchsetzen muss oder scheitert, eine große Rolle. Hesses Publikum ist jung und leidet unter der Sinnlosigkeit oder Unsicherheit der Existenz. Vor allem wegen seines Inhalts wird er gelesen.

Junges Publikum

Schon die ersten Kritiker bewerteten den *Steppenwolf* zwiespältig. Kurt Pinthus bezeichnete ihn als das »unbarmherzigste und seelenzerwühlendste aller Bekenntnisbücher« und die »grausamste Geburtstagsfeier, die je ein Dichter über sich selbst zelebrierte«[3]. Viele aber hatten Probleme mit der angebotenen Lösung, dem Humor.

Zwiespältig aufgenommen

In den sechziger Jahren empfahl der amerikanische Drogenpapst Timothy Leary die Lektüre von *Steppenwolf* und *Siddhartha* als gute Vorbereitung für eine LSD-Sitzung. Wie viele andere sah er das »Magische Theater« als eine Art Bewusstseinserweiterung, durch Drogen hervorgerufen.

Heute werden in Rezeption und Forschung neben dem autobiografischen Aspekt nicht nur der komplexe Aufbau und das virtuose Spiel mit den Symbolen gelobt, sondern vor allem die sehr persönliche Abrechnung mit sich selbst. Für den Schriftsteller Peter Weiss war der Roman »wie ein Wühlen in meinem eigenen Schmerz«[4].

9. Checkliste

1. Erstinformation zum Werk

1. Wofür bekam Hermann Hesse den Nobelpreis für Literatur?
2. Wo lebte Hesse, als er den *Steppenwolf* schrieb?
3. Wie sind die Personen beschaffen, die Hesse häufig beschreibt?
4. Welche autobiografischen Begebenheiten liegen dem *Steppenwolf* zugrunde?

2. Inhalt

1. Wie beschreibt der Herausgeber Harry Haller?
2. Was findet der Neffe über Haller heraus?
3. Woran leidet Haller?
4. Was macht Haller glücklich?
5. Welcher Aufschrift begegnet Haller wiederholt auf seinen Streifzügen?
6. Wie bewertet Haller die Jazzmusik?
7. Welche beiden Naturen spürt Harry Haller – laut dem Traktat – in sich?
8. Welche Theorie über die Selbstmörder vertritt der Traktat?
9. Welche Lösung schlägt der Traktat vor?
10. Wie verläuft der Besuch bei dem Professor?
11. Welche Beziehung unterhält Harry zu Hermine?
12. Was lehrt Hermine Haller?
13. Weshalb nimmt Harry eine Beziehung zu Maria auf?

14. Welche Erlebnisse hat Haller auf dem Ball?
15. Welcher Art Türen gibt es im Magischen Theater?
16. Welche Strafe muss Haller erleiden?

3. Personen

1. Wie wird Harry Haller beschrieben?
2. Wie sieht sich Harry selbst?
3. Was ist das Besondere an Hermine?
4. Welche Kenntnisse hat Pablo?
5. Welche Ansichten hat der Professor?
6. Wie benimmt sich Mozart?

4. Werkaufbau

1. In wie viele Teile kann man den *Steppenwolf* einteilen?
2. Wie viele Ich-Erzähler gibt es?
3. Welche Hauptmotive und -symbole verwendet Hesse?
4. Welche Rolle spielt die Musik im *Steppenwolf*?

5. Interpretation

1. Welche beiden Hauptthemen werden im *Steppenwolf* behandelt?
2. Aus welchen Punkten setzt sich die Zivilisationskritik des Romans zusammen?
3. Wie bewertet Haller Musik, Kino und Literatur seiner Zeit?
4. Welche Rolle spielt für Haller die Technik?

5. Wodurch lernt Haller das Leben wieder akzeptieren?
6. Wie wird im *Steppenwolf* die Rolle der Sexualität geschildert?
7. Welche Rolle spielt die buddhistische und indische Philosophie und die Psychologie im Roman?
8. Inwiefern kann Humor helfen, das Leben auszuhalten?

6. Autor und Zeit

1. In welche Abschnitte lässt sich Hermann Hesses Werk einteilen?
2. Welchen Einfluss hat Hesses Elternhaus auf sein Werk?
3. Mit welchem Werk wurde Hesse berühmt?
4. Welches Ereignis markiert die Wende in Hesses Werk? Wie reagiert er darauf?
5. Warum wurde der *Steppenwolf* in den sechziger Jahren aktuell und weltbekannt?

10. Lektüretipps/Filmempfehlungen

Einzelausgabe

Hermann Hesse: Der Steppenwolf. Frankfurt a. M.: Suhrkamp, 1974. (st. 175.) – *Nach dieser Ausgabe wird zitiert.*

Werkausgaben

Hermann Hesse: Der Steppenwolf. Frankfurt a. M.: Suhrkamp, 1957. (Gesammelte Schriften in 7 Bänden, Bd. 4.)
– Der Steppenwolf. Frankfurt a. M.: Suhrkamp, 1970. (Gesammelte Werke in 12 Bänden, Bd. 7.)
– Der Steppenwolf. Frankfurt a. M.: Suhrkamp, 2001. (Sämtliche Werke in 20 Bänden, Bd. 4.)

Zur Biografie

Ball, Hugo: Hermann Hesse. Sein Leben und sein Werk. Frankfurt a. M. 1977. (Neuausg.)
Hesse, Hermann: »Liebes Herz!« Briefwechsel mit seiner zweiten Frau Ruth. Frankfurt a. M. 2005.
– »Die dunkle und wilde Seite der Seele«. Briefwechsel mit seinem Psychiater Josef B. Lang 1916–1945. Frankfurt a. M. 2006.
Kleine, Gisela: Ninon und Hermann Hesse. Leben im Dialog. Frankfurt a. M. 1982.
Limberg, Michael: Hermann Hesse. Frankfurt a. M. 2005.

Michels, Volker: Hermann Hesse. Sein Leben in Bildern und Texten. Frankfurt a. M. 1979.
– Hermann Hesse 1877–1962. Marbach a. N. 1990.
Mileck, Joseph: Hermann Hesse. Dichter, Sucher, Bekenner. München 1979.
Oberst, Helmut: Hesse kennen lernen. Lichtenau 2003.
Prinz, Alois: »Und jedem Anfang wohnt ein Zauber inne«. Frankfurt a. M. 2006.
Walther, Klaus: Hermann Hesse. München 2002.
Zeller, Bernhard: Hermann Hesse. Reinbek bei Hamburg 1981.

Zum Werk Hesses

Arnold, Heinz Ludwig: Hermann Hesse. München 1977.
Deschner, Karlheinz: Kitsch, Konvention und Kunst. Frankfurt a. M. 1980. (Erg. und überarb. Neuausg.)
Drewermann, Eugen: Das Individuelle gegen das Normierte verteidigen. Frankfurt a. M. 1995.
Field, George Wallis: Hermann Hesse. Kommentar zu sämtlichen Werken. Stuttgart 1977.
Hsia, Adrian: Hermann Hesse im Spiegel der zeitgenössischen Kritik. Bern 1975.
Pfeifer, Martin: Hesse-Kommentar. Frankfurt a. M. 2002.
– Hermann Hesses weltweite Wirkung. 3 Bde. Frankfurt a. M. 1977, 1979, 1991.
Solbach, Andreas (Hrsg.): Hermann Hesse und die literarische Moderne. Frankfurt a. M. 2004.
Unseld, Siegfried: Hermann Hesse, eine Werkgeschichte. Frankfurt a. M. 1973.

10. LEKTÜRETIPPS/FILMEMPFEHLUNGEN

Zu *Der Steppenwolf*

Esselborn-Krumbiegel, Helga: Hermann Hesse. Stuttgart 1996.
Herfort, Maria-Felicitas: Hermann Hesse – *Demian, Siddhartha, Der Steppenwolf*. Hollfeld 2004.
Hoppe, Otfried: Hermann Hesse: *Der Steppenwolf*. Stuttgart 1977.
Huber, Peter: *Der Steppenwolf*. In: Interpretationen: Hermann Hesse. Romane. Stuttgart 1994. S. 76–112.
Khera, Astrid: Hermann Hesses Romane der Krisenzeit in der Sicht seiner Kritiker. Bonn 1978.
Lequen, Franz: Hermann Hesse – *Der Steppenwolf, Siddhartha*. Hollfeld 1977.
Michels, Volker (Hrsg.): Materialien zu Hermann Hesses *Der Steppenwolf*. Frankfurt a. M. 1972.
Pfeifer, Martin: Hermann Hesse – *Siddhartha, Der Steppenwolf*. Hollfeld 2003.
– Materialien – Hermann Hesse: *Der Steppenwolf*. Stuttgart 1980.
Poppe, Reiner: Hermann Hesse: *Der Steppenwolf*. Hollfeld 2003.
Voit, Friedrich: Hermann Hesse – Erläuterungen und Dokumente: *Der Steppenwolf*. Stuttgart 1992.
Wegener, Franz / Eva-Maria Stuckel: Interpretationen zu Hermann Hesses *Der Steppenwolf*. Gladbeck 2001.

10. LEKTÜRETIPPS/FILMEMPFEHLUNGEN

Zur Epoche

Glaser, Horst Albert (Hrsg.): Deutsche Literatur – Eine Sozialgeschichte. Bd. 9: 1918–1945. Reinbek bei Hamburg 1983.
Leiß, Ingo / Hermann Stadler: Deutsche Literaturgeschichte. Bd. 9: 1918–1933. München 2003.

Verfilmung

Der Steppenwolf. USA/Frankreich/Schweiz 1974. Regie: Fred Haines. Mit Max von Sydow, Dominique Sanda, Pierre Clementi, Carla Romanelli u. a.

Anmerkungen

1 Zitiert nach: Friedrich Voit, *Erläuterungen und Dokumente, Hermann Hesse, »Der Steppenwolf«*, Stuttgart 1992 [u. ö.], S. 58.
2 Carl Gustav Jung, *Die Beziehungen zwischen dem Ich und dem Unbewußten*, Zürich 1933, S. 66.
3 Voith (Anm. 1), S. 94 f.
4 Zitiert nach: Maria-Felicitas Herfort, *Hermann Hesse – »Demian«, »Siddhartha«, »Der Steppenwolf«*, Hollfeld 2004, S. 113.

Raum für Notizen